Fach-
ratgeber
Klett-Cotta

HILFE
AUS
EIGENER
KRAFT

ROLAND WEBER

Wenn die Liebe Hilfe braucht

Das Partnerschaftsbuch mit Tests und Übungen

Klett-Cotta

Klett-Cotta
www.klett-cotta.de

Printed in Germany
Schutzumschlag: Weiß-Freiburg GmbH – Graphik & Buchgestaltung
Titelbild: © style-photography.de – Fotolia.com
Gesetzt aus der Concorde und Thesis von Kösel, Krugzell
Gedruckt und gebunden von Kösel, Krugzell
ISBN 978-3-608-86042-9

Zweite Auflage, 2013

Bibliografische Information der Deutschen Nationalbibliothek
Die Deutsche Nationalbibliothek verzeichnet diese Publikation in der Deutschen Nationalbibliografie; detaillierte bibliografische Daten sind im Internet über http://dnb.d-nb.de abrufbar.

Inhalt

Einleitung

Seit über 20 Jahren arbeite ich als Paar- und Familientherapeut in einer psychologischen Beratungsstelle und in meiner eigenen Praxis. In der Zeit habe ich eine Vielzahl von Paaren und deren Geschichte kennengelernt: junge Paare, die ihre erste Paarkrise erleben, weil sie mit den unvermeidlichen Enttäuschungen nicht klarkommen, ältere Paare, die nach einen langen Familienphase eine Neuorientierung suchen, Paare, in denen einer den anderen betrogen hat, Paare mit körperlichen und seelischen Problemen, Paare, denen im Alltagsstress die Liebe abhanden gekommen ist und die sich trennen wollen, getrennte Paare, die wieder zueinanderfinden wollen, gleichgeschlechtliche Paare, die ohne Rollenvorbilder den Liebesalltag zu bewältigen versuchen, geschiedene Paare, die sich Jahre nach ihrer Trennung noch um ihre Kinder streiten.

Einfach sind Paarbeziehungen nicht. Aber im besten Sinne auf- und anregend, wenn sich die Partner ein Beziehungsleben lang als Lernende begreifen. »Nur wer sich lange begleitet, ist sich begegnet«, schrieb der Dramatiker Botho Strauß.

Inzwischen gehen die Scheidungszahlen zurück, ohne dass man sagen kann, dass hier bereits ein Trend vorliegt. Immer noch gibt es viele Paare, deren Liebe den Alltagsstress nicht übersteht und deren Beziehung in Resignation oder mit einer Trennung endet. Nicht wenige von denen trennen sich zu früh und bringen sich um Entwicklungschancen.

Resignation und Trennung sind komplexe Phänomene und basieren auf vielen Ursachen: zu wenig Kommunikation, Überforderung durch Alltagsstress, konträre Lebensziele, sexuelle Lustlosigkeit und vieles mehr. Klar ist auch, dass sich die meisten

Paare nicht wegen ihren Schwierigkeiten, die sich aus dem Zusammenleben ergeben, trennen, sondern weil ihre anfänglichen Gefühle füreinander verschwanden.

Noch nie waren Paare so verunsichert wie heute. Die Herausforderungen sind ungleich größer geworden und machen das Leben als Paar noch schwerer, als es ohnehin schon war.

Noch nie waren Paare gleichzeitig aber so an Beziehungswissen interessiert wie heute und so bereit, Neues zu lernen. Darauf setzt dieses Buch: auf Ihre Lernbereitschaft und Ihr ungebrochenes Interesse, gemeinsam mit Ihrem Partner zu wachsen. Dazu bietet es psychologische Informationen, Handlungsanweisungen, Checklisten und Übungen.

Partnerschaft kann heute weniger denn je nach vorgegebenen und verbindlichen Werten gelebt werden. Sie ist vielmehr das Ergebnis eigener Erfahrungen. Die individuelle Definition von Partnerschaft entsteht durch Hoffnung und Enttäuschung, durch Erfolg und Misserfolg über das ganze Beziehungsleben hinweg.

Die damit verknüpften Probleme und Herausforderungen spiegeln sich auch in den vielen Fragen, die mir immer wieder in den Gesprächen mit Paaren und bei Vorträgen gestellt werden:

- »Wann kann eine Partnerschaft als erfolgreich oder glücklich gelten?«
- »Welche Rolle spielt die Liebe?«
- »Wie meistert man die ganzen Herausforderungen?«
- »Sind Enttäuschungen unvermeidlich?«
- »Wie kommen wir wieder ins Gespräch?«
- »Gibt es ein Erfolgsrezept für eine glückliche Liebesbeziehung?«
- »Können sich Männer und Frauen überhaupt verstehen?«
- »Wie kommen wir weg von den Vorwürfen?«
- »Wie stelle ich fest, ob wir noch eine Chance haben?«
- »Warum schaffe ich es nicht, mich zu trennen?«
- »Wie kann ich mich mit meinem Partner wieder versöhnen?«
- »Ist guter Sex auch in Langzeitbeziehungen möglich?«
- »Was gibt unserer Beziehung genügend Halt?«

Im ersten Teil gehe ich auf einige Grundlagen der Liebe ein. Dies halte ich insofern für wichtig, als in vielen Köpfen alle möglichen Vorstellungen über Liebe herumgeistern, die zum Scheitern einer Liebesbeziehung beitragen können. Nur wenn ein Paar sich ernsthaft damit beschäftigt, was Liebe eigentlich bedeutet, und sich gegebenenfalls von einigen Klischees und falschen Liebesvorstellungen befreit, kann es den unweigerlichen Anfechtungen der Liebe trotzen.

Im zweiten Teil lade ich Sie zu einer umfassenden Bestandsaufnahme Ihres Liebesalltags ein. Diese umfasst die wichtigsten Bereiche einer Partnerschaft: Kommunikation, Bindungen, Alltagsstress, Familienleben, Machtspiele, Geschlechtsunterschiede, Sexualität und vieles mehr. In der alltäglichen Routine erscheint der Partner schnell in einem anderen Licht, verblassen romantische Gefühle und weichen oft einer schmerzlichen Ernüchterung. Und jetzt wird es erst richtig spannend: Wird man die Herausforderungen meistern? Ist man auf unvermeidliche Enttäuschungen, Verlustängste und Rollenkonflikte vorbereitet und was ist hierbei hilfreich, um nicht vor den Herausforderungen des Alltags zu kapitulieren? Hierbei möchte ich Ihnen gerne mit meiner langjährigen beruflichen Erfahrung zur Seite stehen. Mein Anliegen dabei ist, Sie bei der individuellen oder gemeinsamen Reflexion Ihrer Partnerschaft zu unterstützen, sodass Sie anschließend über mehr Klarheit verfügen. Wenn möglich, sollten Sie diese Bestandsaufnahme gemeinsam vornehmen.

Eine Bestandsaufnahme der Partnerschaft kann zu ganz unterschiedlichen Ergebnissen führen. Ich hoffe natürlich für Sie, dass Ihre Bestandsaufnahme positiv ausfällt und Sie sich in Ihren bisherigen Bemühungen bestätigt fühlen. Falls Ihre Bilanz negativ ausfällt, ist die Zukunft Ihrer Beziehung nicht mehr gesichert und Sie befinden sich in einer ernsthaften Krise. Das heißt aber noch lange nicht, dass eine Trennung unvermeidlich ist.

Im dritten und letzten Teil befasse ich mich damit, wie Paarkrisen zur persönlichen Entwicklung der Partner herausfordern und letztlich nur durch diese gelöst werden können. In diesem Rahmen gehe ich auf folgende Themen genauer ein: Altlasten aus der Kindheit, Abstand und Intimität zwischen Partnern, die Verwandlung von Paarkonflikten in persönliches Wachstum und die Wiederherstellung von Vertrauen. Diese Themen haben sich im Laufe meiner langjährigen Arbeit mit Paaren als Schlüsselthemen herausgestellt, um Paarkrisen zu bewältigen und gemeinsam an ihnen zu wachsen.

Auch wenn es keine für jedes Paar allgemeingültige grundsätzliche Auffassung von Beziehung gibt, glaube ich, dass die Mehrzahl von uns von der tiefen Sehnsucht angetrieben wird, sich in einer Beziehung persönlich weiterzuentwickeln. Wenn dies beide Partner wollen, ergibt dies eine spannungsvolle Reise zwischen Selbstbehauptung und Rücksichtnahme, Herausforderung, Unterstützung und Begrenzung. Gelingt dies immer wieder aufs Neue, entwickeln sich sowohl die Partner miteinander weiter als auch ihre Beziehung.

Ich hoffe, dass meine langjährige berufliche und meine ebenso langjährige eheliche Erfahrung dazu beiträgt, das Thema sowohl mit der notwendigen Leidenschaft als auch dem entsprechenden Realismus zu behandeln. Meiner Frau Paula danke ich von Herzen für ihre liebevolle wie kritische Begleitung. Frau Treml, Lektorin des Klett-Cotta Verlags, danke ich für ihre Ermutigung, über ein Thema zu schreiben, über das schon viel geschrieben wurde.

I. Grundlagen partnerschaftlicher Liebe

Für eine partnerschaftliche Liebesbeziehung fehlen heute klare Orientierungen. Dies kann man auch als Chance sehen. Viele Paare verunsichert dies jedoch eher. Je besser Paare über die Grundlagen einer Liebesbeziehung Bescheid wissen, desto eher können sie sich von falschen Vorstellungen losmachen, die zum Scheitern ihrer Beziehung führen können.

1. Liebe und Partnerschaft

Vor Kurzem erlebte ich in meiner Praxis folgenden Dialog zwischen einem Paar, das seit sieben Jahren zusammen ist.

Sie: »Du liebst mich nicht mehr!«

Er: »Stimmt nicht, ich liebe dich!«

Sie: »Wenn du mich lieben würdest, würdest du dich mehr um mich kümmern und du wärst zuverlässig!«

Er: »Unter Liebe verstehe ich etwas anderes, als mich um dich zu kümmern!«

Sie: »Was ist dann für dich Liebe?«

Er: »Dass wir uns ohne Worte verstehen und uns voll und ganz akzeptieren!«

Sie: »Davon merke ich aber auch gar nichts!«

Er: »Ach hör doch auf!«

Die beiden müssten sich – wie andere Paare auch – nicht streiten, wenn ihnen klar wäre, dass sie einfach von verschiedenen Facetten der Liebe sprechen.

Liebe und Partnerschaft werden mittlerweile meist synonym

verwendet. Demzufolge wird der Begriff der Partnerbeziehung zunehmend durch den der Liebesbeziehung ersetzt. Damit kommt zum Ausdruck, dass Liebe immer mehr zum maßgeblichen Faktor für den Zusammenhalt von Paaren geworden ist. Wenn die Liebe erlischt, löst sich heute in der Regel eine Partnerbeziehung auf.

Liebe hat viele Gesichter

Liebe ist ein nicht weiter ableitbarer Begriff. Sie hat viele Gesichter und basiert in weiten Teilen im Unbewussten und Unausgesprochenen. Als Ganzes bleibt die Liebe ein Geheimnis. Dennoch können verschiedene Formen von Liebe unterschieden werden: die partnerschaftliche Liebe, die leidenschaftlich-sinnliche Liebe und die absolute Liebe (J.Willi 2005). Für Paarbeziehungen gilt daher als eine Art »Liebes-Faustregel«: Wer leidenschaftlich sein kann, sich darüber hinaus zu intimer Nähe fähig zeigt und sich zu binden vermag – der liebt.

- *Partnerliebe*
  Sie basiert auf einer Art Beziehungsvertrag, der die zu beachtenden Regeln definiert, Wert auf Gleichberechtigung und Gerechtigkeit legt und in der Geben und Nehmen ausgeglichen sind. Mit der Partnerliebe einher gehen Qualitäten wie Stabilität, Verlässlichkeit, Fürsorge, Kooperation, Einfühlung, Respekt, Offenheit und sexuelle Treue. Partnerschaftliche Liebe kann noch am ehesten »vom Kopf« her, willentlich beeinflusst werden – als bewusste Entscheidung etwa, eine Partnerschaft aufzubauen oder sie bei Problemen nicht abzubrechen. Im obigen Dialog spricht die Ehefrau über die partnerschaftliche Liebe.

- *Leidenschaftlich-sinnliche Liebe*
  Diese betrifft die erotische Spannung, das Wechselspiel des Verführens und Verführtwerdens, die Leidenschaft und die Lust. Ihre Ziele sind überwiegend Vereinigung, Selbstbestätigung, Zugehörigkeit, Dominanz oder Unterwerfung. Sie bedarf einer gewissen Distanz und Fremdheit zwischen den Partnern. Zu viel Nähe und Harmonie tut ihr nicht gut.

- *Absolute Liebe*
  Sie ist die bedingungslose, durch nichts zu beeinträchtigende, uneingeschränkte, reine Liebe. Liebe mit absoluter Akzeptanz gleichzusetzen, wie es der Ehemann im obigen Beispiel tut, macht deutlich, dass er von der absoluten Liebe spricht. Wichtigstes psychologisches Merkmal: wechselseitige Selbstöffnung im Sinne von offen geäußerten Sehnsüchten und Wünschen, Schwächen und Problemen.

  Sosehr die Sehnsucht nach der absoluten Liebe der heimliche Motor einer Liebesbeziehung ist, so wenig ist sie erfüllbar. Die Partner bleiben sich trotz aller Bemühungen bis zu einem gewissen Grad fremd und sind letztlich auch in ihrer Liebe einsam. Die Verarbeitung dieser Enttäuschung erfordert einen schmerzhaften Prozess der Reifung. Gelingt uns dies, so bleibt die Sehnsucht nach der absoluten Liebe ein Motor, den Partner immer wieder zu suchen und neu entdecken zu wollen.

  Liebe ist heutzutage das stärkste Motiv, um eine dauerhafte Beziehung einzugehen. Daneben gibt es jedoch noch eine Reihe anderer wichtiger Motive (M. Mary 2004), deren Kenntnis manches Missverständnis beheben kann. Dazu zählen:

- *Bedürfnisse*
  Partner gehen Beziehungen ein, um einander wichtige Bedürfnisse zu erfüllen. Worin die Bedürfnisse bestehen, die zwei Menschen zusammenbringen, ist nicht von vorrangiger Bedeutung. Wichtig ist nur, dass sie für diese wichtig genug sind, sich deshalb aufeinander einzulassen. Zu Enttäuschungen, Konflikten und Beziehungskrisen kann es immer dann kommen, wenn einer ein oder mehrere Bedürfnisse seines Partners nicht erfüllt, wenn dieser selbst dort eine Leerstelle hat oder Wünsche an den anderen richtet, die diesen überfordern.

- *Wesensergänzung*
  Ein weiteres Motiv ergibt sich aus der Wesensergänzung. Diese ergibt sich aus den psychischen Unterschieden der Partner,

die die Partner gegenseitig faszinieren, weil diese Seiten beinhalten, die dem anderen wenig zugänglich sind oder fehlen. Der eine hat etwas, das man selbst nicht zur Verfügung hat, deshalb tut man sich mit ihm zusammen. Beispielsweise bringt der eine Besonnenheit und Ruhe mit und der andere Umtriebigkeit und Spontaneität. Dadurch ergänzen sich die Partner quasi zu einer psychischen Einheit und fühlen sich dadurch dem Leben gegenüber stärker. Außerdem zeigen sich in der Andersartigkeit des Partners eigene Entwicklungsmöglichkeiten, die bisher noch nicht genutzt wurden.

- *Ziele und Visionen*
  Liebesbeziehungen können im Weiteren darauf basieren, eigene Lebensträume und Lebensziele zu verwirklichen, zu deren Realisierung man einen passenden Partner benötigt. Der Traum von einem eigenen Zuhause und einer eigenen Familie stellt ein solches Projekt dar. Es kann sich aber ebenso darum handeln, zusammen auszuwandern, einen eigenen Betrieb zu haben oder sich für die Umwelt zu engagieren. Findet man einen Partner, der gleiche oder ähnliche Lebensziele verfolgt, bindet man sich an ihn und strebt gemeinsam die Verwirklichung dieser Lebensziele an. Beide Partner schaffen sich dadurch einen Rahmen, der ihre Partnerschaft stabilisiert.

- *Unbewusste Erwartungen*
  Beziehungen können zudem auf einem Beziehungsmythos beruhen. Dabei handelt es sich meist um tiefer liegende, unbewusste Sehnsüchte und Erwartungen an die Beziehung, die einem unbewussten Versprechen gleichkommen. Solch ein Beziehungsmythos kann beispielsweise lauten: »Ganz gleich, was geschieht, wir halten zusammen!« Ein Beziehungsmythos ist ein Drehbuch für den gemeinsamen Liebes- und Beziehungsplot.

Wenn Sie möchten, können Sie die nachfolgenden Fragen für sich beantworten.

Liebe und Partnerschaft in Ihrer Beziehung

1. Was verstehe ich unter einer Liebesbeziehung?
2. Welche Bedürfnisse werden in Ihrer Partnerschaft erfüllt?
3. Liegen Sie seelisch mit Ihrem Partner auf einer Wellenlänge?
4. Welche Projekte und Lebensträume habe ich mit meinem Partner bereits verwirklicht? Welche möchten Sie noch verwirklichen?
5. Welche Art von Paar sind Sie?
6. Stichtag ist heute: Was glauben Sie, wie geht es in puncto Liebe für Sie weiter?
7. Vervollständigen Sie den Satz: Liebe ist …

Im Allgemeinen wird eine Liebesbeziehung mit sehr viel Schwung und Optimismus begonnen. Schätzungsweise 90 Prozent sind anfänglich fest davon überzeugt, dass sie miteinander glücklich sein werden. Bestimmt waren Sie auch dieser Überzeugung.

Dann kommt es doch anders. Einem erheblichen Teil gelingt es nicht, ihren Traum vom Glück wahr werden zu lassen. Andere Paare wiederum schaffen es, eine liebevolle und lebendige Beziehung zu gestalten. Da stellt sich natürlich die Frage, warum die einen ihren Traum vom Glück realisieren und die anderen scheitern. Dafür gibt es bei einem so komplexen Thema, wie es die Liebe ist, viele Erklärungen. Mit die häufigsten Ursachen, die zum Scheitern einer Liebesbeziehung führen, sind meiner langjährigen Erfahrung nach:

Warum Liebesbeziehungen scheitern

- Hohe Erwartungen, die die Beziehung überfordern können. Dazu gehört insbesondere die Überschätzung der Liebe.
- Persönliche Vorstellungen von der Liebe, die nicht miteinander kompatibel sind. Ein Partner sieht in der Liebe ein spielerisches Miteinander, der andere eine gemeinsame Aufgabe.
- Veränderte Rollenvorstellungen, die sehr viel Verhandlungsbereitschaft von beiden Partnern erfordern: beide sollen für alles gleichberechtigt zuständig sein.

- Basale Bedürfnisse, die nicht oder nicht ausreichend beantwortet werden wie Sicherheit, Anregung, Zugehörigkeit, Anerkennung, Nähe, Haut- und Körperkontakt, Zuverlässigkeit, Führung usw.
- Fehlende Rahmenbedingungen, die die Partnerschaft anfälliger machen, weil ihr ein haltgebender Rahmen fehlt, der auf übereinstimmenden Vorstellungen und Werten basiert.
- Bindungs- und Beziehungsängste, die zu Dauerkonflikten und destruktiven Machtkämpfen führen und auf Wunden aus der Kindheit und auf Altlasten früherer Liebesbeziehungen beruhen.

Auf die häufigsten Bindungs- und Beziehungsängste werde ich im nächsten Kapitel ausführlicher eingehen.

2. Liebe und Bindung

Mit einer Liebesbeziehung kann man sich schwertun. »Warum scheitern meine Beziehungen immer nach einer gewissen Zeit?«, fragte mich vor kurzem eine Klientin. Sie gerät immer wieder an Männer, die zunächst ganz begeistert von ihr sind, sich dann aber zunehmend von ihr distanzieren. Warum gelingt es anderen Menschen, ohne große psychische Anstrengung enge tragfähige Beziehungen zu anderen Menschen einzugehen, ohne sich darin zu verlieren?

An der Bedeutung der frühen Jahre gibt es keine Zweifel

Der ausschlaggebende Faktor, weiß man heute, ist »psychische Sicherheit«. Sie entsteht aus menschlicher Zuneigung. Bindungen zu anderen entscheiden darüber, wie ein Mensch sich fühlt, wie er handelt, was er denkt und wie er später Beziehungen gestaltet. Welche Qualität diese Bindungen haben, ob sie Sicherheit vermitteln oder eher Unsicherheit hervorrufen, das bahnt sich schon von frühester Kindheit an.

Das Bedürfnis nach Bindung ist bei Menschen angeboren, jedoch unterschiedlich stark ausgeprägt. Nähe zu einer Person herzustellen und aufrechtzuerhalten, die geeignet erscheint, die

Welt besser meistern zu können, hat die biologische Funktion von Schutz. Wenn ein Kleinkind sich in den ersten Lebensjahren sicher und geborgen fühlen kann und Trost, Zuwendung und Schutz erfährt, entwickelt es eine sichere Bindung an seine Bezugspersonen. Das ist das Grundraster für die späteren Beziehungen zu anderen Menschen und zur Persönlichkeitsentwicklung.

Verhaltensforscher und Psychologen haben herausgefunden, dass Menschen aufgrund ihrer Erfahrungen mit Bezugspersonen einen bestimmten Bindungsstil entwickeln, der wie eine Art geheimer Beziehungscode das Verhalten, Denken und Erleben in Beziehungen steuert. Wie stark die verschiedenen Bindungserfahrungen aus der Kindheit die späteren zwischenmenschlichen Kontakte beeinflussen, hat das bekannte Forscherehepaar Karin und Klaus Grossmann (2004) in zwei Langzeitstudien untersucht und dabei festgestellt:

Bindungsstile

- Wer als Kind viele unsicher-vermeidende Bindungserfahrungen machen musste, hat danach mit hoher Wahrscheinlichkeit auch in seinem späteren Leben Probleme mit Nähe und wird diese eher zu vermeiden versuchen. Enge Bindungen machen Angst, sie werden daher lieber vermieden.
- Kinder mit vielen unsicher-ambivalenten Bindungserfahrungen wachsen zu Erwachsenen heran, die durchaus intensive Nähe zu anderen eingehen können, doch im nächsten Moment vor ihr flüchten. Sie pendeln zwischen Angezogensein und Rückzug, zweifeln häufig an der Beziehung und haben Schwierigkeiten, sich für einen Partner zu entscheiden.
- Von einem besitzergreifenden Bindungsstil spricht man, wenn jemand seinen Partner ständig kontrolliert oder übermäßig an ihn klammert.

Kaum ein Mensch repräsentiert jedoch einen Bindungsstil in extemer Form. Andererseits lasse sich – so Grossmann – jeder Erwachsene einem dominierenden Bindungsstil zuordnen, auch wenn dieser Merkmale eines anderen enthalte. Hiernach lassen sich 60 % aller Erwachsenen dem sicheren Bindungsstil zuordnen, 30 % dem vermeidenden und 10 % dem klammernden Bindungsstil.

Eltern legen die Grundlagen

Dass sich die Bindungserfahrungen der frühen Jahre auf die spätere Partnerschaft auswirken können, dafür gibt es mehrere Nachweise: Wer das elterliche Erziehungsverhalten als negativ erinnert, hat häufig Probleme in seiner Partnerschaft. Er fühlt sich wenig akzeptiert, kann sich nur schwer öffnen und sucht in Notzeiten weniger Trost beim Partner. Eine positive, sichere Bindung an die Eltern scheint dagegen eine gute Grundlage für eine sichere partnerschaftliche Beziehung zu sein. Beide investieren in ihre Beziehung und beherrschen die Gratwanderung zwischen Distanz und Nähe. Wenn man in zwischenmenschlichen Beziehungen immer wieder auf dieselben Schwierigkeiten stößt, kann das am erworbenen Bindungsstil liegen. Komplizierte Beziehungscodes produzieren Liebeskummer. Nicht jeder Bindungsstil verträgt sich gleichermaßen gut mit einem anderen: Vermeider plus Klammerer – das ist, wie die praktischen Erfahrungen belegen, eine explosive Mischung. Vermeider wollen sich nicht oder nur begrenzt binden und sind lieber ihr eigenes Zentrum. Menschen dagegen, die zum Klammern neigen, suchen extreme Nähe, denn sie können schlecht für sich selbst sorgen und nicht allein sein.

In ihren Beziehungen leben bindungsängstliche Menschen in einem Dilemma: Sie wollen Sicherheit und kompromisslose Unterstützung ihres Partners – verhindern dies aber häufig selbst durch ihr oft negatives, angstbestimmtes Verhalten. Angst und Stressgefühle verengen Wahrnehmung und Denken des Bindungsängstlichen. Da er zudem die positiven Seiten der Beziehung vergleichsweise weniger beachtet, rutscht die Beziehungsbilanz immer stärker in ein Dauerminus.

Nähe zu einer Person herzustellen und aufrechtzuerhalten, entspringt unserem tiefen Bedürfnis nach Bindung – also nach Schutz und Zuwendung. Wir verlieben uns in jemanden, von dem wir annehmen, dass wir mit ihm zusammen die Welt besser meistern können und der zudem all jene Fähigkeiten und Eigenschaften besitzt, nach denen wir uns sehnen. Liebe ist demzufolge eine wunderschöne Erfindung der Natur, um Bindung zwischen zwei Menschen zu erzeugen. Sich verlieben bedeutet Bindung herstellen. Liebe bedeutet Bindung erhalten. Es besteht also eine Wechselwirkung: Liebe führt zu Bindung – Bindung erhält die Liebe, zumindest das Potenzial dafür. Je länger ein Paar zusammen ist, desto stärker wird ihre Bindung, auch wenn die Intensität der Liebesgefühle Schwankungen unterliegt. Diese Bindung wird oft in negativer Weise als Gewohnheit bezeichnet, sie beinhaltet jedoch weitaus mehr. Mit dem Wunsch nach Bindung sind gleichzeitig Wünsche nach Nähe, Geborgenheit und Rückhalt verknüpft, andererseits aber auch Ängste und Unsicherheiten vor Nähe, Überwältigt- oder Verlassenwerden.

Mithilfe des auf S. 20/21 folgenden Tests können Sie sich mehr Gewissheit über Ihren Bindungsstil machen. Kreuzen Sie an, wie genau jede der vier Beschreibungen A, B, C und D auf Sie zutrifft.

Wenn Sie feststellen, dass tendenzmäßig B, C oder D auf Sie zutrifft, brauchen Sie deswegen die Flinte nicht ins Korn werfen. Allerdings sollten Sie sich auch nicht zurücklehnen nach dem Motto: Meine Erfahrungen als Kind sind halt so und deshalb reagiere ich so!

Bindungserfahrungen verändern

Obwohl die Einflüsse aus den ersten Lebensjahren erheblich sind, sind Bindungserfahrungen auch später noch beeinflussbar. Allerdings müssen wir bereit sein zu lernen und uns auf neue Erfahrungen einzulassen. Bindungsstile kann man jedoch nicht allein verändern – Weiterentwicklung findet hier immer in Beziehungen statt. Welche Möglichkeiten es hierfür gibt, werde ich noch ausführlich darstellen.

Test **Welcher Beziehungstyp sind Sie?**

Um sich ein Bild über die innere Qualität Ihrer Beziehung machen zu können, kreuzen Sie bitte im Folgenden an, wie genau jede der vier Beschreibungen A, B, C und D auf Ihren Partner zutrifft.

A Ich finde, dass es ziemlich leicht für mich ist, meinem Partner gefühlsmäßig nahe zu sein. Es geht mir gut, wenn ich mich auf meinen Partner verlassen kann und wenn er sich auf mich verlässt. Ich mache mir keine Gedanken darüber, dass ich allein sein oder mein Partner mich nicht akzeptieren könnte.

1	2	3	4	5
überhaupt nicht	wenig	teils, teils	ziemlich	vollkommen

B Ich empfinde es manchmal als ziemlich unangenehm, meinem Partner nahe zu sein. Ich möchte eine Beziehung, in der ich meinem Partner nahe bin, aber ich finde es schwierig, ihm vollständig zu vertrauen oder von ihm abhängig zu sein. Ich fürchte manchmal, dass ich verletzt werde, wenn ich mir erlaube, ihm nahezukommen.

1	2	3	4	5
überhaupt nicht	wenig	teils, teils	ziemlich	vollkommen

C Ich möchte meinem Partner gefühlsmäßig sehr nahe sein, aber ich merke oft, dass er keine so große Nähe will wie ich. Es geht mir nicht gut, wenn ich ohne enge Beziehung bin, aber ich denke manchmal, dass mein Partner mich nicht so sehr schätzt wie ich ihn.

1	2	3	4	5
überhaupt nicht	wenig	teils, teils	ziemlich	vollkommen

D Es geht mir auch ohne enge gefühlsmäßige Bindung gut. Es ist sehr wichtig für mich, mich unabhängig und selbstständig zu fühlen, und ich ziehe es vor, wenn ich nicht von meinem Partner und er nicht von mir abhängig ist.

1	2	3	4	5
überhaupt nicht	wenig	teils, teils	ziemlich	vollkommen

Auswertung:
Die Aussage, der Sie den höchsten Wert zugeteilt haben, charakterisiert am ehesten Ihren Beziehungsstil in der von Ihnen aktuell beurteilten Beziehung.

A **Sicherer Bindungsstil**: Die Beziehung wird sicher und zuverlässig erlebt. Beziehungszufriedenheit und -stabilität sind am höchsten, wenn ein sicherer Bindungsstil vorliegt.

B **Ängstlicher Bindungsstil**: Eine zu große Nähe zur Bezugsperson wird aus Angst gemieden, verletzt oder verlassen zu werden.

C **Beziehungsergreifender Bindungsstil**: Dieser Bindungsstil ist für Beziehungen charakteristisch, bei denen man sich an den Partner klammert oder ihn zu kontrollieren versucht.

D **Abweisender Bindungsstil**: Der Partner wird auf Distanz gehalten, um unabhängig von ihm zu bleiben.

Psychologie Heute, Oktober 2000

3. Liebe als Prozess

Verliebt, verlobt, verheiratet – diese drei durch Schlager populär gemachten Stadien der Liebe prägen auch heute noch die Vorstellungen vieler Paare. Unbekannt ist vielen Paaren, dass ihre Beziehung noch eine Reihe weiterer Stadien durchläuft.

Sich zu verlieben – damit beginnen die meisten Liebesbeziehungen. Dauert die Liebe an, durchläuft sie insgesamt fünf Stadien, von denen jede ihre besonderen Herausforderungen hat. Wenn die verschiedenen Stadien gemeinsam durchlaufen werden, kann aus der anfänglichen euphorischen Verliebtheit eine reife Liebe entstehen, an der man selbst gewachsen ist.

Je besser die Partner über diese Stadien Bescheid wissen, umso weniger treten Irritationen und gegenseitige Beschuldigungen auf, und man kann die damit verbundenen Herausforderungen als gemeinsame Aufgabe ansehen. Welches Stadium bei einem Paar gerade aktuell ist, zeigt sich meiner Erfahrung nach vor allem an den Konfliktthemen.

1. Verliebtheit

Verliebtheit ist bekanntlich von nicht allzu langer Dauer, sie stellt lediglich das erste Stadium einer Beziehung dar, ist allerdings für die Stabilität einer Liebesbeziehung von erheblicher Wichtigkeit. Machen Sie die Probe aufs Exempel und versuchen Sie die nachfolgenden Fragen zu beantworten.

Die Phase der Verliebtheit in Ihrer Beziehung

- Was hat mich in besonderer Weise an dir angezogen?
- Wieso habe ich mich gerade in dich verliebt?
- Was schien im Besonderen speziell mit dir an Beziehung möglich zu werden?
- Was davon haben wir umsetzen können?
- Welche Vision meiner persönlichen Entwicklung ist durch die Verliebtheit aufgekommen?
- Was davon hat sich realisiert?

Verliebtheit ist eine Art emotionaler Ausnahmezustand. In ihr geschieht alles so intensiv wie vielleicht später nie wieder, auch das gegenseitige Erkennen. Jeder erkennt den anderen in seinem Wesen und fühlt sich vom anderen in seinem Wesen erkannt. In diesem Stadium ihrer Beziehung betrachten die Partner einander als perfekt und identisch im Sinne von wesensgleich oder wesensergänzend. Außerdem sorgt der Botenstoff Dopamin für ekstatische Momente: gesteigerte Energie, verringertes Bedürfnis nach Schlaf und Nahrung, Euphorie und totale Aufmerksamkeit.

Natürlich werden in der Verliebtheit auch nicht erfüllte symbiotische Wünsche aus der Kindheit aktiviert und illusionäre

Hoffnungen erzeugt. Nach etwa 18 Monaten endet dieser Zustand für viele Paare. Die Botenstoffe und Hormone beginnen wieder auf Normalbetrieb umzuschalten.

Im Anfangsstadium einer Liebe tragen wir »Scheuklappen«. Manche Informationen über den Partner blenden wir schlichtweg aus. Unser Gehirn peilt kräftig über den Daumen. Der verliebte Partner sieht nur das, was er wahrnehmen will. Erst am Desillusionspunkt – also dem Stadium, wo Verliebtheit in Liebe übergeht oder eben auch nicht – wird der Partner realistischer wahrgenommen.

Ende der Verliebtheit heißt nicht Ende der Beziehung

Dass die Verliebtheit lediglich die erste Phase einer Beziehung ist, ist zwar bekannt, wird aber oft verdrängt. Vielmehr denkt man, dass es nun immer so weitergehen wird. Die Folge davon ist, dass viele Paare konsterniert oder geradezu panisch reagieren, wenn die anfängliche Verliebtheit einer schmerzlich erlebten Distanz und Ernüchterung weicht. Können Sie sich noch daran erinnern, wie das bei Ihnen war? Haben Sie anfangs auch versucht, das Ende der Verliebtheit zu ignorieren, und gehofft, dass sich die anfängliche Leidenschaft wieder einstellt? Wenn das Ignorieren nicht mehr hilft, setzt meiner Erfahrung nach meist die Suche nach den Ursachen ein. Hält man dabei jedoch an der Verliebtheit fest, kommt dabei meist ein »mehr desselben« heraus: Mit verstärkten Anstrengungen und Appellen soll der anfängliche Zustand wiederhergestellt werden. Weil das aber nicht funktioniert, machen sich Unzufriedenheit und Vorwürfe breit.

Nicht wenige flüchten zu diesem Zeitpunkt aus der Beziehung und bringen sich um vielleicht wichtige Entwicklungsmöglichkeiten. Dabei handelt es sich um einen völlig normalen Prozess, der daher kein Grund zur Beunruhigung sein sollte: Die Liebesbeziehung endet hier nicht, sondern tritt in ein neues Stadium ein. Diese ist zwar komplett anders, aber in keiner Weise weniger spannend.

2. Desillusionierung

Üblicherweise weiß man erst nach drei bis vier Jahren, ob man zusammenpasst. Daher ist es so wichtig, nicht gleich die Flinte ins Korn zu werfen. Ob sich ein Paar aktuell im Stadium der Desillusionierung befindet, lässt sich daran erkennen, dass beide bestimmte Eigenschaften und Gewohnheiten beklagen, die sie früher akzeptiert und bewundert haben. Das Stadium der Desillusionierung beginnt meist damit, dass ein Partner sich wieder auf andere Dinge besinnt und der andere dies nur allzu leicht als Verrat auffasst. Außerdem entdecken die Partner nach und nach, was sie trennt, worin sie sich unterscheiden und wo sie nicht zusammenfinden. Viele Vorstellungen und Hoffnungen werden teilweise recht herb enttäuscht. Man merkt, dass man sich illusionäre Beziehungsfantasien gemacht hat und dass beide den sich daraus ergebenden impliziten Paarvertrag nicht einhalten können. Wenn dann der Partner auch noch andere Seiten zeigt, passt er nicht mehr in das eigene Erwartungsschema, er ist dann nicht mehr so, wie ich ihn brauche. Auch der Alltag bekommt wieder mehr Gewicht, insbesondere wenn dann noch Kinder dazukommen. Das Leben normalisiert sich wieder, und die Gelegenheiten häufen sich, bei denen man Unterschiede registrieren kann.

Desillusionierung ist schmerzhaft

In diesem Stadium ändert sich für die Partner der Beziehungsrahmen nachhaltig. Die Partner nehmen sich getrennt wahr und sehen einander nun mit anderen, kritischen Augen. Um die damit verbundene Desillusionierung abzuwehren, greift man zum Gegenmittel: man setzt sich selbst und den Partner unter Druck, indem man auf irrationale Annahmen über die Liebe zurückgreift wie z. B.

»Wenn mich der andere wirklich liebt, muss er doch wissen, was ich denke!«
»Wenn ich mich anstrenge und ihm noch mehr Liebe zeige, dann wird er auch mich mehr lieben!«
»Ich zeige dem anderen nicht, dass ich mich ärgere und enttäuscht bin. Sonst streiten wir uns!«

»Wer sich wirklich liebt, sollte nicht streiten!«
»Wenn der andere nur wieder so wäre wie am Anfang, dann hätten wir keine Probleme!«

U. Nuber 2005

Letztlich kommen die Partner nicht umhin einzusehen, dass sich die Innigkeit der Verliebtheit so wohl nicht wieder einstellen wird. Das Zusammenbleiben in dieser Phase wird zum Prüfstein der Liebe. So schmerzlich die Enttäuschung ist, so wichtig ist sie für die notwendige Differenzierung und damit Weiterentwicklung der Liebe. Wie schwierig dieses und das nächste Stadium vielen Paaren fällt, zeigt sich an den Scheidungszahlen. Die meisten der 2005 geschiedenen Ehen hielten nicht einmal bis zum »verflixten siebten Jahr«, sondern gingen bereits im fünften oder sechsten Jahr nach der Heirat zu Ende. Wird dabei berücksichtigt, dass die meisten Scheidungen erst ein Jahr nach der Trennung vollzogen werden, erfolgt der tatsächliche Bruch in den meisten Fällen sogar schon deutlich früher.

3. Polarisierung

Die Ernüchterung und Desillusionierung, die man zunächst nur zeitweise verspürt und die man immer wieder verdrängen oder durch Nebenschauplätze und Harmoniebemühungen überspielen konnte, werden nun zum bestimmenden Thema. Man fängt an, an der Richtigkeit seiner Entscheidung zu zweifeln, und fühlt sich vom Partner getäuscht. Daraus ergibt sich ein neuer Grundtenor zwischen den Partnern: »Ich bin okay, du aber nicht!« Oder: »Ich tue doch alles dafür, dass unsere Beziehung wieder so wird wie früher – und was tust du?«

Man spricht mehr und mehr im Vorwurfston, kritisiert sich gegenseitig, wertet den anderen ab, rechtfertigt sich oder blockt ab. Vorwürfe und Gegenvorwürfe nehmen zu. Verstärkte Interessenskonflikte tun sich zwischen den Partnern auf, und die Auseinandersetzungen darüber gewinnen an Härte.

Die Phase der Polarisierung ist letztlich ein Machtkampf: Beide Partner trachten danach, ihren Einfluss auf den Partner zu verstärken. Ein klassischer Machtkampf samt allen nur erdenklichen Anschuldigungen kann dann in Gang kommen; die Partner werden sich in nichts mehr einig. Weitaus schmerzlicher noch ist das Gefühl, sie hätten jede Verbindung zueinander verloren und würden wieder in die alte Einsamkeit zurückfallen, die durch die Verliebtheit weggezaubert war. Das macht Angst.

Polarisierung ist auch Reifung

Erschwerend kommt oft noch hinzu, dass die Partner diesen Prozess nicht zeitgleich, sondern zeitversetzt durchlaufen. Einer hält noch an der verlorenen Nähe und Innigkeit fest, während der andere sich mit der größeren Distanz bereits ganz gut arrangiert hat. Infolge dieses Ernüchterungsprozesses gerät beinahe jede Beziehung in eine Krise. Diese ergibt sich im Prinzip unvermeidbar aus dem Spannungsverhältnis zwischen Idealisierung der Verliebtheit und Realität einer Liebesbeziehung, zwischen Erwartungen und Begrenzungen des Beantwortetwerden, und sie hat, wenn sie nicht an diesem Punkt zum Ende der Beziehung führt, eine bereinigende und entlastende Wirkung: Ich weiß, was ich am Partner habe, er weiß, was er an mir hat, und wir lieben uns beide so, wie wir sind (Schmidbauer 2004).

Dieser Reifungsprozess führt im positiven Fall zur Fähigkeit, den anderen so zu nehmen, wie er ist, mit seinen Schwächen und Stärken, mit seinen Eigenheiten und Fehlern, mit seiner Art zu lieben und diese auszudrücken. Es geht darum, die Hoffnung für den Partner nie völlig aufzugeben, ihn aber auch lieben zu können, wenn er die Erwartungen nicht erfüllt. Es geht darum, seine eigene Entwicklung nicht im Übermaß von jener des Partners abhängig zu machen, sondern die Verantwortung für sein Leben in den eigenen Händen zu halten.

Die Enttäuschung in der Liebe ist aber auch mit Schmerz, Wut und Trauer verbunden. Verständlicherweise möchte man sie deshalb vermeiden. Viele Paare sind heute nicht mehr bereit, an der Liebe zu leiden: Wenn die Harmonie nicht mehr vorhanden ist, geht man ohne Streit auseinander. Damit wird die Chance vertan, zur nächsten Entwicklungsphase voranzugehen.

4. Realisierung

Sind die Partner noch zusammen, weiß nun jeder, was er am Partner hat und was er selbst zu geben bereit ist. Ob und wie er damit leben kann, ist jedoch eine ganz andere Frage. Mit der Realisierung der Beziehung ist also der Entwicklungsprozess der Liebe nicht abgeschlossen. Die Partner müssen nun für sich die Frage klären, wie sie mit dieser »erkannten Beziehung« (Mary 2004) umgehen werden. Die nun eingetretene Beruhigung kann von ihnen dazu genutzt werden, ihre jeweils eigene Entwicklung unabhängig vom anderen wieder stärker zu betreiben. Dazu gehören: Zeit für sich, ein Zimmer für sich allein, Abstand. Auch diese Prozesse laufen nicht immer synchron ab. Und so notwendig diese Differenzierung ist, so birgt sie auch die Gefahr in sich, dass sich die Partner emotional immer weiter voneinander entfernen oder dass sie ihre Lebensentwürfe in zu verschiedene Richtungen entwickeln. Aus der verstärkten Hinwendung zu sich kann dann schnell ein »Ich kann auch ohne dich« werden. Die Bereitschaft, auf den anderen immer wieder zuzugehen und an ihm und seiner Entwicklung interessiert zu sein, nimmt ab. An ihre Stelle treten Überdruss und Gleichgültigkeit.

Ich *und* wir

Die Kunst, diese Phase zu meistern, besteht darin, einen mittleren Weg zu finden zwischen der Individualisierung der Partner und dem Erhalt des Wirgefühls. Die Lockerung der Zweisamkeit kann sowohl Ängste vor einem Ende der Beziehung in Gang setzen als auch zu Kränkungen und Verletzungen führen, wenn der Partner einen nicht mehr so braucht und begehrt wie früher.

Begleiten sich die Partner in ihrer Unabhängigkeitsentwicklung mit liebevollem Interesse und entfernen sich beide nicht zu weit voneinander, kann die anfängliche Faszination, die man für den Partner empfunden hat, neu belebt werden. Die Aufgabe in dieser Phase ist es, den Partner neu zu entdecken und den Rahmen der Partnerschaft neu abzustecken: Man hat gelernt zu akzeptieren, dass ein Paar aus zwei unterschiedlichen Personen besteht, die einander das Wichtigste im Leben sind.

5. Integrationsphase

Diese Phase wird dann erreicht, wenn die Partner nach ihrer Differenzierung wieder stärker aufeinander zugehen. Weil man inzwischen gelernt hat, dass der andere eine eigenständige und unabhängige Person ist, kann man sich wieder intensiv auf die Liebesbeziehung einlassen.

Wer zu einer neuen Stärke gefunden hat, kann sich dann auch mal schwach, anhänglich und symbiotisch zeigen. Diese Phase einer Liebesbeziehung wird leider immer seltener erreicht. In dieser Phase kommt es zu dem, was der Paartherapeut Michael Mary als individuelle Formgebung bezeichnet. Da sich die Partner nun nichts mehr vormachen müssen und durch die Phase der Differenzierung und Integration hindurchgegangen sind, haben sie sich auch von allen möglichen Klischees gelöst, wie eine Partnerschaft zu sein habe. Sie können nun ihre ganz eigenen Lösungen und Arrangements praktizieren.

Verliebtheit für immer gibt es nicht

Die Wandlungen der Liebe sind normal. Wenn Sie die verschiedenen Stadien mit Erfolg durchlaufen, gewinnt Ihre Partnerschaft an Tiefe und lässt Sie zusammen wachsen. Schwer tun sich damit vor allem die Paare, die an den veränderten Bedingungen in ihrer Beziehung so verzweifeln, dass sie anfangen zu resignieren und nur in der Trennung einen Ausweg sehen. Sie trennen sich dann nicht wegen unüberwindbarer Probleme oder Unterschiede, sondern weil ihre anfänglichen Gefühle so nicht mehr spürbar waren. Die Paare dagegen, die die Veränderung ihrer Gefühle als ganz normalen Wandel betrachten und sich daher davon nicht beeindrucken lassen, kommen besser klar.

Nach allem, was ich inzwischen über den Entwicklungsprozess der Liebesbeziehung weiß, ist es nicht ausreichend, den Partner zu lieben. Man muss ihn lieben und ihn zugleich möglichst realistisch wahrnehmen. Damit dieses möglich wird, bedarf es der Integration widersprüchlicher Eigenschaften in ein positives Gesamtbild des Partners. Wir sehen ihn als nicht ganz vollkommen, aber doch liebenswert. Wir projizieren nicht länger unsere eigenen Schwächen und Fehler auf ihn. Unsere Erwartungen sind realistischer und ehrlicher geworden. Diese und weitere Veränderungen von uns selbst sind nicht ohne persönliche Entwicklung möglich. Der natürliche Wandel der Liebe weist uns den Weg.

4. Die Eigenwilligkeit der Liebe

Liebesbeziehungen sind das Gegenteil von »einfach«. Hat man nicht schon genug damit zu tun, sich durch die verschiedenen Stadien zu navigieren? Nun soll man sich auch noch mit einer ganzen Reihe von Widersprüchen auseinandersetzen, die zum Wesen einer Liebesbeziehung gehören und daher nicht lösbar sind. Etwa zwei Drittel aller Partnerschaftskonflikte sind meiner Erfahrung nach Resultat dieser Widersprüche. Wenn man diese aus der Welt schaffen will, verschwendet man eine Menge Zeit und polarisiert sich ständig. Das heißt nicht, dass man nichts tun könnte: Paare müssen diese Widersprüche kennen, sie als Teil ihrer Realität akzeptieren und versuchen, sie immer wieder neu auszubalancieren. Der bekannte Schweizer Paarforscher und Paartherapeut Jürg Willi (2002) nennt folgende Beziehungsdilemmas, mit denen sich Paare auseinandersetzen müssen:

- *Selbstbehauptung und Rücksichtnahme*
  Einer der häufigsten Vorwürfe eines Partners an den anderen ist: » Wenn du mich wirklich liebst, dann würdest du ... « Liebe hat sowohl altruistische als auch egoistische Züge. Auf der einen Seite möchte man, dass es dem Partner gut geht, und man will ihm seine Wünsche erfüllen, auf der anderen Seite möchte man sich aber auch in der Beziehung selbst entfalten. Dazu wiederum benötigt man den anderen und dessen Wohlwollen. Daher müssen die Partner für die Selbstentfaltung des anderen ebenso Sorge tragen wie für die eigene. Rücksichtsloses Sich-gegen-den-Partner-Durchsetzen bringt ihnen nichts ein, wenn man damit nur einen Machtkampf oder die innere Kündigung des Partners riskiert. Es gibt keinen größeren Ver-

lust als ein Sieg über den Partner. Setze ich mich gegen meinen Partner durch, gewinne ich dadurch zwar an Selbstbestätigung, gehe ich dabei aber zu weit, riskiere ich, dass sich mein Partner zurückzieht und kapituliert. Lasse ich mich auf die Ansprüche des Partners ein, muss ich diese den meinigen gleichstellen und riskiere damit, dass sich mein Partner durchsetzt.

- *Kooperation und Abgrenzung*
  Liebe gilt als großmütig und frei von Konkurrenz. Die Realität zeigt aber das Gegenteil, denn die Partner kämpfen mit dem Dilemma, ob sie ihre individuellen Möglichkeiten besser gemeinsam mit ihrem Partner oder ohne ihn verwirklichen können. Am Anfang einer Beziehung wird dabei meist davon ausgegangen, dass man mehr gewinnt, wenn man sich zusammentut und miteinander kooperiert. Die gemeinsame Führung des Beziehungskontos herrscht vor, keiner fühlt sich vom anderen übervorteilt, und daher gibt es keinen Grund, die eigenen Verdienste aufzurechnen. Jeder der Partner glaubt, dass er mit Kooperation mehr für sich erreichen kann als jeder für sich allein. Beide halten sich daher streng an die Spielregeln.

  Es ist jedoch nicht leicht, diese auf Dauer zu sichern, sodass keiner von beiden sich zu sehr dem anderen gegenüber benachteiligt fühlt und jeder die Chance bekommt, seine persönlichen Möglichkeiten in und durch die Beziehung zu verwirklichen. Es bleibt daher ein fortwährender Balanceakt, das Gleichgewicht zwischen den Selbstentfaltungswünschen beider Partner aufrechtzuerhalten.

- *Bindung und Freiheit*
  Fast alle Menschen haben sowohl das Bedürfnis nach Bindung als auch nach Freiheit. Dieses Dilemma stellt sich in vielen Beziehungen oftmals dramatisch dar, weil es in polarisierter Form ausgetragen wird: Der eine Partner vertritt die Bindungsseite, der andere die Freiheitsseite, und beide Partner attackieren sich deswegen mit heftigen Vorwürfen. Wer sich verbindlich auf eine Liebesbeziehung einlässt, kann aber nicht

mehr unbeschadet aussteigen. Er kann das Gefühl entwickeln, durch die Beziehung gefangen zu sein. Wer sich umgekehrt in einer Liebesbeziehung frei und ungebunden hält, schafft keine verpflichtenden Bindungen und bleibt nur Zaungast.

- *Angezogenwerden durch Stärke oder Schwäche*
  Man kann entweder durch die Stärke seines Partners angezogen werden oder durch dessen offensichtliche Schwächen oder Defizite. Wird man durch die Stärke seines Partners angezogen, hofft man, davon für sich selbst zu profitieren, geht aber das Risiko ein, ihn nicht für sich behalten zu können und ihm nicht gewachsen zu sein. Wähle ich mir einen Partner mit offensichtlichen Schwächen, kann ich mich sicherer fühlen, weil ich von ihm gebraucht werde, kann mich aber dafür womöglich nur eingeschränkt persönlich entfalten.

- *Liebeswunsch und Liebesangst*
  Der Wunsch nach Liebe und Geliebtwerden ist oft mit zahlreichen Ängsten verknüpft: Werde ich dem anderen gerecht, bleibe ich »Ich«, kann ich dem anderen wirklich vertrauen, werde ich von meinen eigenen Gefühlen überwältigt? Die Natur der Liebe beinhaltet eine Ambivalenz zwischen Wunsch- und Angstkomponenten. Und daraus ergeben sich bestimmte Herausforderungen an die Partner (W. Maurer 2005):

  1. Eine verbindliche Beziehung einzugehen, ohne allzu große Angst vor Verlust an Freiheit, aber auch ohne übergroße Angst davor, verlassen zu werden und sich auszuliefern
  2. Mit den begrenzten Liebesmöglichkeiten des Partners und mit seinen eigenen umzugehen und sich selbst und den Partner in seinen Grenzen zu akzeptieren
  3. Seine persönlichen Möglichkeiten in den Aufbau einer gemeinsamen Welt zu investieren und sich mit dieser zu identifizieren und zu akzeptieren, damit auf andere Möglichkeiten zu verzichten

4. Dem Wunsch nach Ekstase und Leidenschaft nachzugehen *und* die Angst vor Verlust der Kontrolle zu bändigen
5. Dem Wunsch nach Geborgenheit und Bindung nachzukommen *und* die Angst vor Abhängigkeit zu überwinden.

Die aufgeführten Dilemmata können als normale psychologische Phänomene einer Liebesbeziehung verstanden werden, die allerdings oft zu Enttäuschungen, Verletzungen und Streit Anlass geben. Oft agiert der eine Partner die eine Seite des Dilemmas aus, der andere die andere. Das Wissen um diese Beziehungsdilemmas kann mehr Verständnis für die Polarisierungen und Schwankungen innerhalb der Beziehung wecken und auch davor bewahren, diese ein für alle Mal lösen zu wollen.

5. Was Paare zusammenhält

Zahlreiche Paartherapeuten und Eheforscher haben sich in den letzten Jahren verstärkt mit der Frage beschäftigt, was Paare zusammenhält (J. Willi 1991, K. A. Schneewind/E. Wunderer 2003). Die wichtigsten Ergebnisse im Überblick:

Liebe allein genügt nicht

Fester Rahmen
Gleich und gleich gesellt sich gern: Die Partner stimmen in Interessen und Wertvorstellungen überein und sind sozial gut eingebunden.

Gefühle
Beide Partner hegen auch noch nach langen Jahren des Zusammenlebens positive Gefühle füreinander. An die Stelle von Leidenschaft tritt ein tiefes Gefühl freundschaftlicher Liebe.

Kommunikation
Beiden Partnern geht der gemeinsame Gesprächsstoff nicht aus. Damit zeigen sie, dass sie ein anhaltendes Interesse am anderen haben. Nichtbeachtung ist ein Beziehungs- und Motivationskiller.

Unterstützung und Wertschätzung
Beide können sich aufeinander verlassen. Toleranz, Respekt und Verständnis geben ein stabiles Fundament.

Gemeinsame Zeit
Die Partner betonen die Wichtigkeit gemeinsam verbrachter Zeit. Zeit füreinander haben ist gleichbedeutend mit Interesse aneinander haben. Bequemlichkeit verträgt sich mit guter Beziehungsgestaltung grundsätzlich schlecht.

Kinder
Sie schweißen die Partner zusammen.

Persönlichkeitseigenschaften
Dazu zählen emotionale Stabilität, Gewissenhaftigkeit, Einfühlungsvermögen, Ehrlichkeit und Intelligenz – Eigenschaften, die auch zu den Merkmalen psychischer Sicherheit zählen.

Humor
Dauerhafte Beziehungen umschiffen mit Witz und Humor manche schwierige Klippe.

Identifikation mit der gemeinsam geschaffenen Welt
Die innere Welt ist die gemeinsame Geschichte, die Rahmenbedingungen und Werthaltungen sowie der Austausch über Alltagsereignisse. Die gemeinsame äußere Welt ist die gemeinsame Wohnumwelt, der Freundeskreis, die Familie.

Positivität
Die Partner haben das Gefühl, in einer sicheren und verlässlichen Beziehung zu leben. Sie fühlen sich ausreichend verbunden und übernehmen persönliche Verantwortung für die Aufrechterhaltung der Partnerschaft.

Konfliktkompetenz
Sie ist hoch, wenn die Partner Probleme auf konstruktive Weise lösen und nicht verbal aggressiv werden oder sich zurückziehen.

Toleranz und Akzeptanz
Den anderen so lassen zu können, wie er ist, ihm mit Achtung und Verständnis entgegentreten, seine Schwächen akzeptieren.

Ob wir die Herausforderungen der Liebe annehmen, hängt nicht zuletzt auch von den Vorstellungen ab, die die Partner von der Liebe haben. Paare, die ihre Ehe und Partnerschaft als reines Schicksal ansehen und nicht an weitere Entwicklungs- und Veränderungsmöglichkeiten glauben, sind kaum bereit, an ihrer Partnerschaft zu arbeiten, und kommen daher mit den natürlichen Veränderungen sehr viel schlechter zurecht als Paare, die die Ehe als ein beeinflussbares, veränderliches Arrangement sehen. Am zufriedensten sind offensichtlich die Paare, die sowohl an das Schicksal als auch an das Wachstum von Beziehungen glauben (K.A. Schneewind & E. Wunderer).

Wer auf das grundsätzliche Entwicklungspotenzial von Beziehungen vertraut, denkt auch anders über seine Partnerschaft und seinen Partner. Er sieht zum Beispiel Meinungsverschiedenheiten als weniger dramatisch an, macht für Probleme im geringeren Ausmaß seinen Partner verantwortlich, erachtet Schwierigkeiten eher als veränderbar und glaubt stärker an das grundsätzliche Vermögen der Partner, auch zukünftige Schwierigkeiten in der Beziehung bewältigen zu können. Wer seine Beziehung als eine Chance für gemeinsames Wachstum sieht, gibt dem »Wir« einen hohen Stellenwert.

Übung — Ihre Ehephilosophie

1. Sprechen Sie miteinander darüber, warum Sie glauben, dass manche Ehen funktionieren und manche nicht. Beurteilen Sie gemeinsam, welche von den Paaren, die Sie kennen, besonders gute Ehen führen und welche besonders schlechte. Was ist der Unterschied zwischen beiden? Wie würden Sie Ihre eigene Ehe im Vergleich mit diesen einschätzen?
2. Sprechen Sie miteinander über die Ehen Ihrer Eltern. Sind sie Ihrer eigenen Ehe sehr ähnlich oder eher unähnlich?
3. Zeichnen Sie ein Schaubild von der Geschichte Ihrer Ehe, ihre wichtigsten Wendepunkte, die Hoch- und Tiefpunkte. Welche Zeiten waren die glücklichsten für Sie? Für Ihren Partner? Wie hat sich Ihre Ehe im Laufe der Zeit verändert?

II. Der Alltag der Liebe

Zwei verlieben sich ineinander und schweben auf Wolke sieben. Wer von den beiden will schon wissen, wie es weitergeht. Dabei wird es jetzt erst richtig spannend: Wie wird man mit den unvermeidlichen Enttäuschungen nach dem Höhenflug der Verliebtheit fertig werden, wie wird man die alltäglichen Herausforderungen meistern, wie gut ist man auf die Rollenkonflikte vorbereitet, wenn sich Nachwuchs einstellt, wie können wir unsere Partnerschaft lebendig halten und vieles mehr?

Die Belege, dass Liebe den Alltagstest nicht übersteht, sind zahlreich. Und doch gibt es Möglichkeiten, gegenzusteuern und vor den Herausforderungen des Alltags nicht zu kapitulieren. Machen Sie eine realistische Bestandsaufnahme Ihrer Beziehung und ziehen Sie daraus Ihre Schlussfolgerungen.

1. Was so bleiben kann

Eine Bestandsaufnahme der Beziehung kann man damit beginnen, dass man sich fragt, was alles schlecht läuft, was im Moment das größte Problem ist oder auch was man alles verändern müsste.

Veränderung macht Angst. Und wer gleich zu Beginn einer Bestandsaufnahme das Gefühl hat, dass er die ganze Beziehung umkrempeln muss, der weicht vor diesem Schritt zurück oder entwickelt unrealistische Erwartungen.

Mein Ansatz, den ich auch in der Paartherapie verwende, ist ein anderer. Für mich beginnt eine Bestandsaufnahme mit der

Frage, was sich nicht zu ändern braucht. Welche Bereiche in der Beziehung funktionieren noch gut, was schätzen Paare an ihrer Partnerschaft trotz aller Probleme noch immer?

Die Erfahrung zeigt, dass viele Paare gerade diese Frage als Entlastung empfinden.

Beginnen Sie also Ihre Bestandsaufnahme, indem Sie Ihren Blick in folgende Richtung lenken:

- Welche Bereiche in Ihrer Beziehung funktionieren noch gut?
- Was an Ihrer Beziehung schätzen Sie noch immer? Erstellen Sie eine Rangfolge.
- An welche gemeinsamen positiven Situationen erinnern Sie sich spontan?
- Was haben Sie zusammen schon erreicht?
- Was kann so bleiben?

Diese Fragen können Ihnen helfen, positive Seiten Ihrer Beziehung wieder wahrzunehmen. Wenn Sie und Ihr Partner mitten im Beziehungsstress stecken, nehmen Sie vielleicht zum ersten Mal wieder wahr, dass die Bilanz Ihrer Beziehung nicht nur negativ ist, und erleben so eine positive Überraschung.

Die meisten Paarbeziehungen, die ich kennengelernt habe, bestehen aus einer Mischung aus intakten und weniger intakten Bereichen. Wer nur die intakten oder nur die nicht intakten Bereiche vor Augen hat, wird einer fairen Betrachtung der Beziehung nicht gerecht.

Wenn wir wütend und gestresst sind oder uns von unserem Partner entfernt fühlen, dann neigen wir dazu, uns auf seine negativen Eigenschaften zu konzentrieren. Dadurch erhalten wir unseren Ärger in Gedanken ständig aufrecht, was wiederum dazu führt, dass man sich in seiner Beziehung noch mehr voneinander entfernt und isoliert fühlt. Haben wir dagegen auch seine guten Seiten im Blick oder konzentrieren wir uns bewusst auf diese, bleiben wir mit ihm in Verbindung.

Schreiben Sie auf ein Blatt Papier den Satzanfang »Ich schätze an (Name des Partners)...«. Schreiben Sie darunter die Zahlen 1 bis 10. Nehmen Sie sich nun einige Minuten Zeit und überlegen Sie, was Sie an Ihrem Partner mögen. Seien Sie möglichst konkret. Denken Sie sowohl an Dinge, die Ihr Partner für Sie tut, als auch an Charaktereigenschaften, die Ihnen gefallen. Beenden Sie den Satz so oft wie möglich. Wenn Ihnen mehr als zehn Eigenschaften einfallen, schreiben Sie sie dazu.

Ich schätze an ....

1. ______________________
2. ______________________
3. ______________________
4. ______________________
5. ______________________
6. ______________________
7. ______________________
8. ______________________
9. ______________________
10. ______________________

Nehmen Sie sich in der nächsten Woche die Liste immer wieder vor, um sich die Seiten zu vergegenwärtigen, die Sie an Ihrem Partner schätzen. Jedes Mal, wenn Ihnen eine Eigenschaft von Ihrer Liste auffällt, sagen Sie es ihm. Sagen Sie es ohne Sarkasmus – seien Sie ehrlich. Es ist persönlicher, wenn Sie anstelle einzelner Handlungen Wesenszüge Ihres Partners ansprechen, es wird zudem eine stärkere Wirkung haben. Wenn sich jeder von Ihnen als Person wahrgenommen fühlt, erzeugt allein dieser Umstand Motivation.

Jemanden wie einen unter vielen zu behandeln erzeugt keine Beziehung.

Quelle: Steven Farmer 1992

Achten Sie in jedem Fall auf die Balance der Signale, die Sie Ihrem Partner vermitteln. Die Formel hierfür ist 5:1. Damit ist gemeint, dass auf ein negatives Signal von Ihnen fünf positive Signale erfolgen sollten.

Info

Typische Merkmale zufriedener und unzufriedener Paare

- Weniger glückliche Partner verlieren den Blick für die positiven Seiten ihrer Beziehung.
- Unzufriedene Partner erkennen sofort, wenn der andere etwas böse gemeint hat, übersehen dagegen oft gut gemeinte Interaktionen oder deuten sie falsch.
- In unzufriedenen Partnerschaften interpretieren die Partner Gefühle und Absichten des anderen häufig falsch, obwohl ihnen das außerhalb der Beziehung nicht passiert.
- Insbesondere unterstellen unzufriedene Partner dem anderen auch dort negative Absichten, wo sie nicht bestehen. Dadurch deuten sie das Verhalten ihres Partners immer mehr auf die selbe stereotype Weise.
- In zufriedenen Partnerschaften kommt es häufiger vor, dass ein negatives Verhalten des einen Partners mit einem neutralen Verhalten des anderen erwidert wird. In unzufriedenen Partnerschaften hingegen wird mit großer Regelmäßigkeit jedes negative Verhalten vergolten. Dadurch kommt es zu einem Teufelskreis negativer Gegenseitigkeit.
- Unzufriedene Paare haben häufig negative Erwartungen an die Interaktionen. Aus diesem Grund meiden sie häufig das Gespräch und versuchen, Auseinandersetzungen aus dem Weg zu gehen. Die Partner sprechen immer weniger miteinander.
- Zufriedene Paare können auch dem Streit noch positive Seiten abgewinnen.
- In unzufriedenen Beziehungen neigen die Partner dazu, sich zurückzuziehen. Dieses Verhalten wird besonders häufig von Männern gezeigt.
- In unzufriedenen Partnerschaften meiden die Partner häufig die Nähe des anderen und betonen ihre Freiheit.
- Unzufriedene Partner entwickeln mit der Beziehung unverträgliche Ziele und beziehen die Wünsche des Partners in ihre eigenen Entscheidungen weniger ein.
- Zufriedene Partner investieren in die Partnerschaft, ohne dass sie auf einen sofortigen Ausgleich drängen. Über längere Zeit hinweg bilanziert sich das Beziehungskonto aus.

Psychologie Heute, Oktober 1999

Wichtig ist, dass die positiven Signale überwiegen und Sie Ihrem Partner damit das Gefühl geben, dass Sie ihn trotzdem lieben. Lassen Sie es ihn wissen.

Sich zunächst einmal auf die Stärken der Beziehung und des Partners zu konzentrieren, bedeutet nicht, die Schwächen und veränderungsbedürftigen Bereiche zu ignorieren und alles schönzureden. Es geht darum, dass wir einfach bereiter sind, Veränderungen anzugehen, wenn wir dies aus einer Position der Stärke heraus tun können. Wenn wir dagegen denken, dass alles oder das meiste an unserer Beziehung schlecht oder ungenügend ist, verlässt uns der Mut oder wir sind einfach nur ärgerlich und frustriert. Wer etwas verändern will, muss auch daran glauben, dass er dazu in der Lage ist. Durch positive Gedanken und die Kraft der Wiederholung kann dieser Glaube verstärkt werden.

Die Berücksichtigung von Ressourcen gilt heute in der Therapie als einer von mehreren Faktoren, die den Therapieerfolg signifikant verbessern. Ressourcen umschreiben das positive Potenzial, das Sie in den Veränderungsprozess Ihrer Beziehung einbringen können: Stärken, Fähigkeiten, Interessen, Wünsche, gute Zeiten, gemeinsame Visionen – selbst wenn diese schon länger zurückliegen.

Der Blick auf das Positive in Ihrer Partnerschaft hat hoffentlich so viele Aspekte zutage gefördert, dass Sie Ihre Bestandsaufnahme gestärkt fortsetzen können.

2. Der Zweck Ihrer Beziehung

Jede Liebesbeziehung verfolgt einen Zweck, in dem ihre eigentliche Stärke, aber auch ihre Begrenzung liegt (M. Mary 2004). Das ist vielleicht eine ungewöhnliche und, gemessen am Ideal der romantischen Liebe, viel zu profane Sichtweise. Oder haben Sie sich diese Frage schon einmal gestellt? Wenn Partner um den Zweck ihrer Beziehung wissen, können sie ihre Beziehung leichter von weitergehenden Ansprüchen freihalten und sich auf diesem Weg vor immer wieder denselben Enttäuschungen schützen.

Wenn der hauptsächliche Zweck einer Beziehung darin besteht, dass sich beide Partner ein hohes Maß an beruflicher Selbstverwirklichung zugestehen und sich dabei gegenseitig unterstützen, können sie nicht in gleichem Maß noch andere Dinge von ihrer Beziehung erwarten. Der Zweck ihrer Beziehung erschöpft sich eben gerade darin. Ist der vorrangige Zweck der Beziehung der, eine Familie zu gründen und sein Leben daran auszurichten, gehört die Erfüllung sexueller und erotischer Bedürfnisse nicht zu den vorrangigen Anliegen ihrer Beziehung, ja sie sind dem eigentlichen Zweck wesensfremd. Liegt der Zweck der Beziehung in der wesensmäßigen Ergänzung der Partner, kann es sein, dass sich beide darin vollständig genügen und daher nicht den Wunsch verspüren, Kinder in die Welt zu setzen. Ist der Zweck der Beziehung die romantische und leidenschaftliche Liebe, gehören gemeinsame Alltagsbewältigung, Zukunftsplanung und gemeinsame Altersversorgung nicht zu den vorrangigen Aufgaben dieser Beziehung.

Erfüllt unsere Beziehung einen Zweck, der von beiden als wichtig empfunden wird, so entwickeln wir darüber ein tiefes Verbundenheitsgefühl, das wir als Liebe erleben.

Wie aber kommt man dem Grundmotiv der eigenen Beziehung auf die Spur? Sie können sich fragen, worin Sie die Aufgabe Ihrer Beziehung sehen. Sie können sich fragen, worin die Stärken Ihrer Beziehung liegen und was Ihnen gut und was weniger gut gelingt: Sind Sie zusammen ein tolles Liebespaar, gute

Teamworker, Seelenverwandte oder Profieltern? Und Sie können sich fragen, was Sie am meisten vermissen würden, wenn die Beziehung auseinanderbrechen würde.

Wer sich den Hauptzweck seiner Beziehung bewusst macht und diesem einen hohen Wert beimessen kann, tut sich in aller Regel leichter, die Partnerschaft zu akzeptieren, wie sie ist. Wem diese Akzeptanz nicht gelingt, weil seine Erwartungen über den eigentlichen Zweck der Beziehung hinausgehen, der ist versucht, diese verändern zu wollen. Die Grundlagen einer Beziehung und ihr Zweck können jedoch nicht einfach umgestaltet werden.

Der Zweck unserer Beziehung **Übung**

Was ist die Aufgabe unserer Beziehung?

____

Worin liegen die Stärken unserer Beziehung?

____

Was gelingt uns gut miteinander?

____

Wo findet unsere Beziehung hauptsächlich statt?

____

Was würde ich am meisten vermissen, wenn wir uns trennen würden?

____

____

3. Was Sie miteinander verbindet

Wenn zwei Partner eine längerfristige Beziehung aufbauen, entwickeln sie ganz bestimmte Bindungen aneinander. Diese machen dann ihre Beziehung aus. Welche Verbindungen oder im Wortsinn »Bänder« sind vorstellbar? Neben dem Band der Liebe gibt es meist noch andere Verbindungen. So können Partner ebenso durch gemeinsamen Besitz, Kinder, Freunde, Hoffnungen, gemeinsam durchlittenes Leid, erlebtes Glück, Sexualität, Romantik, Fürsorge, Versprechen, Wesensergänzung, gemeinsame Ziele, Werte, Vertrauen, Freiheit, Verpflichtungen, Interessen und die gemeinsam erlebte Geschichte ihrer Beziehung verbunden sein.

Wir spüren diese Bindungen, ohne dass uns bewusst ist, wodurch wir mit unserem Partner verbunden sind. Wenn wir sagen: Die Beziehung hält, dann meinen wir eigentlich, dass die Bande halten, durch die wir uns fest mit unserem Partner verbunden fühlen.

Bindungen ändern sich

Diese Bindungen sind aber nicht ein für alle Mal gleich. Insbesondere in Zeiten des inneren oder äußeren Umbruchs verändern sich bestehende Bänder: Es können neue dazukommen, alte reißen, sich auflösen oder erschlaffen. Dies erleben wir meist so, dass in unserer Beziehung »etwas nicht mehr stimmt«. Oder es stellt sich ein Gefühl von Verlust ein.

Sich auf eine gemeinsame Wahrnehmung der gegenseitigen Verbindungen zu einigen, kann unterschiedliche Konsequenzen nach sich ziehen. Die Beziehung kann dadurch bestätigt werden – toll, wie viel uns verbindet. Sie kann aber auch von Ansprüchen befreit werden, die sie nicht mehr zu erfüllen vermag, oder infrage gestellt werden – ist das alles, was uns noch verbindet?

Je mehr starke Bänder vorhanden sind und je mehr Energie durch sie hindurchfließt, desto stabiler ist eine Beziehung. Hängen die Bänder dagegen schlaff nach unten oder sind sie gerissen, hängt die Beziehung womöglich nur noch am »seidenen Faden«. Hat die Beziehung einen schweren Vertrauensbruch erlitten, kann das bisher bestehende Vertrauensband nicht einfach wieder in den alten Zustand versetzt werden.

Nehmen Sie sich Zeit. Machen Sie es sich bequem. Atmen Sie ruhig und gleichmäßig ein und aus. Schließen Sie die Augen, um sich besser auf Ihre Vorstellungskraft konzentrieren zu können.

Denken Sie an Ihre Beziehung zu Ihrem Partner und stellen Sie sich die Frage, was Sie miteinander verbindet. Diese Verbindungen können Sie sich als unterschiedlich farbige Bänder vorstellen. Nehmen Sie diese in Ihrer Vorstellung in Ihre Hand.

Geben Sie nun jedem Band einen Namen. Lenken Sie dann Ihre Aufmerksamkeit auf den Zustand jedes Bandes. Je nach Stärke der Verbindung kann man sich ein dickes oder dünnes Band vorstellen. Möglicherweise ist auch das eine oder andere Band erschlafft oder zerrissen oder neu dazugekommen. Lassen Sie sich ganz unvoreingenommen überraschen.

Spüren Sie einmal nach, durch welche Bänder viel Energie fließt und durch welche wenig.

Achten Sie auf Ihr momentanes Gefühl: Wie geht es Ihnen jetzt? Fühlen Sie sich darin bestätigt, wie viel Sie miteinander verbindet? Fühlen Sie sich erleichtert, weil Sie gar nicht so viel miteinander verbinden muss – weniger kann mehr sein. Oder stellt sich Ihnen jetzt die Frage, ob das alles ist, was Sie noch miteinander verbindet?

Machen Sie sich Gedanken, ob und wie das eine oder andere Band reaktiviert und mit neuem Leben erfüllt werden kann oder ob sie eine neue Verbindung innerhalb Ihrer Partnerschaft knüpfen wollen.

Nun öffnen Sie wieder die Augen und beenden die Übung.

Wenn Sie diese Übung zusammen mit Ihrem Partner machen möchten, setzen Sie sich dazu zunächst Rücken an Rücken. Dann führen Sie die Übung so weiter wie in der obigen Anleitung, ohne dass Sie dabei miteinander sprechen. Danach drehen Sie die Stühle einander zu, und nun können Sie sich über Ihre Erfahrung austauschen. Teilen Sie einander mit, welche Bänder Sie sich vorgestellt haben, welche Namen Sie diesen gegeben haben, wie ihr Zustand war und wie es Ihnen im Moment mit dieser Form der Bestandsaufnahme geht. Wenn Sie wollen, können Sie hierfür auch verschiedenfarbige Bänder oder Seile verwenden. Halten Sie fest, in welchen Punkten Sie übereinstimmen und in welchen nicht. Überlegen Sie dann, was das für Ihre Beziehung bedeutet.

Darüber nachzudenken beziehungsweise darüber zu sprechen, was einen mit seinem Partner verbindet, lässt eine vom alltäglichen »Klein-Klein« unabhängige Kommunikation über die Beziehung entstehen, in der Gemeinsamkeiten und Unterschiede im Erleben und in der Wahrnehmung der Beziehung spürbar werden. Anstelle des diffusen Gefühls, dass etwas nicht mehr stimmt, kommt mehr Klarheit ins Spiel und man kann entsprechend handeln. So kann man sich gemeinsam daranmachen, ob und wie eine zum Stillstand gekommene Verbindung wieder aktiviert werden kann. Man kann aber auch zu dem Ergebnis kommen, dass man eine alte, lang gehegte Verbindung nicht mehr benötigt, weil sie ihren Zweck längst erfüllt hat und einen einengt. Es kann auch herauskommen, dass keine Bereitschaft da ist, ein bestimmtes Band wieder aufzunehmen. Oder man stellt fest, dass sich eine neue, energievolle Verbindung auftut.

4. Partnerlandkartencheck

Wenn wir mit einem Partner länger zusammen sind, glauben wir, ihn ganz genau zu kennen. Das heißt, wir haben eine mehr oder weniger detaillierte Landkarte unseres Partners im Kopf. Dem amerikanischen Eheforscher J. Gottman (2000) zufolge sind dort alle wichtigen Informationen über den anderen gespeichert. Haben beide oder einer der Partner nur sehr ungefähre Vorstellungen von den Freuden, Vorlieben, Ängsten, Abneigungen und Anstrengungen des anderen, fehlt ein wichtiger Mosaikstein für eine innige Partnerschaft. Denn keine Einsamkeit ist schlimmer als die Einsamkeit zu zweit. Wissen Sie auf Anhieb, womit sich ihr Partner derzeit gedanklich am meisten beschäftigt? Kennen Sie sein größtes Problem? Und welchen Traum von einem anderen Leben träumt er?

Machen Sie die Probe aufs Exempel. Hierbei hilft Ihnen die nachfolgende Liste. Jeder von Ihnen soll dem anderen diese Fragen stellen. Wenn der Partner richtig antwortet, was Sie beurteilen, erhält er die Punkte, die hinter der Frage stehen, während Sie einen Punkt bekommen. Wenn er die Frage falsch beantwortet, bekommt keiner von Ihnen einen Punkt. Dieselben Regeln gelten, wenn Sie antworten.

»Partnerlandkarte« **Test**

1.	Nenne meine beiden besten Freunde.	2
2.	Welche Musikgruppe, welchen Komponisten oder welches Instrument mag ich am liebsten?	2
3.	Was hatte ich an, als wir uns zum ersten Mal sahen?	2
4.	Was ist mein Lieblingsfilm?	2
5.	Welchen Urlaub fand ich am schönsten?	2
6.	Welchen Problemen sehe ich mich derzeit gegenüber?	4
7.	Beschreibe genau, was ich gestern oder vorgestern getan habe.	4
8.	Welches Tier mag ich am liebsten?	2
9.	Wann ist unser Hochzeitstag?	1
10.	Welchen meiner Verwandten mag ich am liebsten?	2
11.	Was ist mein größter Traum?	5
12.	Welche Pflanze habe ich am liebsten?	2
13.	Wovor habe ich am meisten Angst, oder was wäre für mich die größte Katastrophe?	3

14.	Zu welcher Tageszeit habe ich am liebsten Sex?	3
15.	Womit meine ich, mich am besten auszukennen?	4
16.	Was macht mich sexuell an?	3
17.	Was ist mein Lieblingsgericht?	2
18.	Welche ist meine schlimmste Erfahrung aus der Kindheit?	3
19.	Was ist meine Lieblingsfarbe?	1
20.	Welche persönlichen Verbesserungen möchte ich im Leben erreichen?	4

Quelle: J. Gottman 2000, modifiziert R. Weber 2006

Wenn Sie die meisten Fragen richtig beantwortet haben, haben Sie eine sehr detaillierte Landkarte Ihres Partners und brauchen sich vor dem »Einsamkeits-Blues« nicht zu fürchten. Wenn Sie nur einen Teil der Fragen richtig beantwortet haben, sollten sie jetzt miteinander die Lücken schließen und Ihre Landkarte auf den neuesten Stand bringen. Danach werden Sie sich einander näher fühlen.

Wenn Sie und Ihr Partner nebeneinander und nicht miteinander leben, haben Sie die emotionale Bindung aneinander verloren. Damit geraten Sie mit großer Wahrscheinlichkeit in die Gefahrenzone Trennung. Wie können Sie und Ihr Partner einander wieder näherkommen?

Die amerikanischen Psychotherapeuten Leslie S. Greenberg und Susan M. Johnson (2002) haben hierfür ein Neun-Punkte-Programm entwickelt, dessen Schwerpunkt auf dem Wunsch nach Bindung und dem Ausdruck von Gefühlen liegt und das sich in meiner paartherapeutischen Arbeit schon mehrfach bewährt hat.

1. Schritt: Führen Sie sich eine typische Auseinandersetzung vor Augen

Sie werfen Ihrem Mann vor, dass er nur noch an seiner Arbeit interessiert sei und dass er sich nicht für Sie interessiere. Ihr Mann verteidigt sich und geht zum Gegenangriff über: Du drangsalierst mich mit deinen Vorwürfen. Ist es da ein Wunder, wenn ich lieber arbeiten gehe. Ein typischer Streit: Die Frau greift an, der Mann zieht sich zurück, die Frau greift noch mehr an. Typisches Terrain solcher Auseinandersetzungen: Alltägliche Dinge.

2. Schritt: Die Immunität aufgeben

Nur selten geht es wirklich um das, worüber gestritten wird. Betrachten Sie den Streit aus einer anderen Perspektive: Was könnte hinter der Auseinandersetzung stecken? Welches unerfüllte emotionale Bedürfnis? Welche Ängste treiben den Partner an: die Angst vor Zurückweisung, die Angst, nicht geliebt zu werden, die Angst, verlassen zu werden. Wenn Sie ein Gefühl feststellen, teilen Sie es dem anderen mit.

3. Schritt: Was ich von dir brauche

Sobald die emotionalen Bedürfnisse und Ängste entdeckt worden sind, geht es darum, einander zu sagen, was jeder emotional von seinem Partner braucht.

4. Schritt: Wir brauchen uns

Fühlen Sie sich in die eigene Not und die Ihres Partners ein. Dies führt zu einer positiven Veränderung des Klimas. Machen Sie sich bewusst, dass jeder von Ihnen bei aller Selbstständigkeit und Autonomie in der Beziehung Liebe, Geborgenheit und Unterstützung sucht. Jeder Mensch hat ein angeborenes Bedürfnis nach Vertrauen und Sicherheit oder Bindung.

5. Schritt: So geht es mir wirklich

Die Partner erkennen ihre emotionalen Verletzungen und Ängste und bekennen sich dazu. Teilen Sie Ihrem Partner konkret oder in der Vorstellung mit, warum Ihnen Ihr Bedürfnis so wichtig ist, und gestehen Sie sich die emotionalen Verletzungen und Ängste ein, die mit diesem unerfüllten Bedürfnis verknüpft sind.

6. Schritt: Ich verstehe dich

Die Offenlegung der Motive, die hinter meinem Verhalten und meines Partners stecken, ermöglicht ein neues Verständnis für mich selbst und meinen Partner. Jetzt gilt es, dieser Erkenntnis zu vertrauen und neu und anders darauf zu reagieren.

7. Schritt: Was ich von dir möchte

Erklären Sie Ihre Bereitschaft, Ihre emotionale Bindung zu stärken. Sagen Sie, was Sie lernen oder verändern möchten und was Sie hierfür von Ihrem Partner brauchen.

8. Schritt: Konkrete Lösungen

Jetzt geht es um die Suche nach konkreten Lösungen und Möglichkeiten, um das emotionale Band Ihrer Beziehung zu stärken.

9. Schritt: Geduld

Verhalten, das sich über Jahre verfestigt hat, kann sich nicht von heute auf morgen verändern. Daher benötigen Sie und Ihr Partner Geduld. Machen Sie sich immer wieder bewusst, welche wahren Ursachen Ihrer Auseinandersetzung zugrunde liegen. Wie Sie sich gegenseitig auf Ihr Muster aufmerksam machen können, werde ich an anderer Stelle ausführen.

5. Geschlechterunterschiede

Haben Sie auch hin und wieder das Gefühl, Ihre Frau oder Ihren Mann nicht zu verstehen und in zwei verschiedenen Ehe-Welten zu leben? Keine Frage: Männer und Frauen sind in einer ganzen Reihe von Punkten verschieden. Immer wieder kommt es daher zu Missverständnissen und Konflikten, die auf ihr geschlechtsspezifischen Verhalten in Beziehungen zurückzuführen sind. Sich mit diesen Unterschieden zu beschäftigen, ist daher wichtig. Aus diesen hingegen abzuleiten, Mann und Frau könnten sich nicht verstehen, ist jedoch gefährlich und trägt meines Erachtens zur Entfremdung der Partner und zur Aufrechterhaltung sozialer Klischees über Geschlechter bei. Ebenso problematisch empfinde ich die schleichende Tendenz, männliche Verhaltensweisen an weiblichen zu messen und letztere zum Gradmesser zwischen den Geschlechtern zu erheben. Die Folge: Männer werden so zu emotionalen Analphabeten abgestempelt.

Mein Ansatz ist daher, die Unterschiede zunächst einmal ohne jede Wertung anzuschauen. Dabei stellt sich nämlich heraus, dass gut und schlecht nicht so einfach auf Frau und Mann zu verteilen sind.

In meiner paartherapeutischen Tätigkeit begegneten mir immer wieder folgende Unterschiede im Beziehungsverhalten zwischen Männern und Frauen:

Unterschiede zwischen Männern und Frauen

- Männer lieben es zu argumentieren und betrachten ein Gespräch meist als Kampf und Wettstreit. Sie beziehen Position und verteidigen diese. Für Frauen ist Reden in erster Linie dazu da, um Gemeinschaft und Verbindung herzustellen und zu bestätigen.
- Männer verwenden häufiger einen positionalen Gesprächsstil, Frauen einen relationalen.
- Männer verwenden meist eine »Berichtssprache«, während sich der relationale Gesprächsstil der Frauen in einer »Beziehungssprache« niederschlägt. Zur Beziehungssprache gehört die Betonung des »Wir«, das Äußern von Gefühlen und das Interesse daran, was im anderen vorgeht.
- Männer müssen in Problem- und Gefahrensituationen Vorschläge machen und handeln. Frauen wollen in solchen Situationen zunächst Verständnis und Anteilnahme spüren.
- Männer erleben Beziehung eher dadurch, dass sie mit ihrer Partnerin zusammen etwas tun und sich beide auf ein Drittes beziehen. Für Frauen ereignet sich Beziehung, wenn sie ihren Partner direkt auf sich bezogen fühlen.
- Männer sind stolz, ihren Frauen zu zeigen, dass sie etwas allein tun können (J. Gray 1993). Autonomie ist für sie ein Symbol von Effizienz, Macht und Kompetenz. Unter Stress

suchen sie nicht die Hilfe der Frau, sondern ziehen sich in ihr Schneckenhaus zurück oder lenken sich ab. Die Angst des Mannes ist, von seiner Frau als nicht gut und kompetent genug angesehen zu werden. Er fürchtet zu versagen und Fehler zu machen. Daraus folgt die Devise: Lieber macht er nichts als etwas Falsches. Für Frauen ist es kein Zeichen von Schwäche Hilfe anzunehmen, im Gegenteil, sie fühlen sich durch die gewährte Hilfe geliebt. Sie möchten den Mann, den sie lieben, verbessern. Das Erteilen von Ratschlägen und Kritik ist für sie ein Beweis ihrer Liebe. Die Angst der Frau ist, zurückgewiesen und allein gelassen zu werden. Es bereitet ihnen daher Mühe, anderen Grenzen zu setzen.

- Während zu Beginn der Beziehung Männer und Frauen etwa gleich häufig Zärtlichkeit und Sex wollen, kommt es unter dem Druck des Alltags nach einigen Jahren oft zu einer Polarisierung: Die Männer wollen vor allem Sex, die Frauen Zärtlichkeit.
- Insgesamt kann man sagen, dass sich Männer und Frauen in ihrem Zusammenleben geschlechtstypischer verhalten als im Beruf.

Wie das letztere Beispiel zeigt, bedingen sich weibliche und männliche Beziehungsgestaltung häufig gegenseitig, und ab einem gewissen Punkt lässt sich nicht mehr feststellen, was Ursache und was Wirkung ist. Zudem stecken in den Unterschieden verschiedene Qualitäten. Meines Erachtens können diese Unterschiede für die Gestaltung einer Liebesbeziehung und für die Erziehung von Kindern positive Chancen bieten. Hierzu ist jedoch eine Reihe von Schritten notwendig. Der erste Schritt besteht darin, sich bewusst zu machen, dass Frauen und Männer in einigen wichtigen Punkten unterschiedlich »ticken«. Der zweite Schritt ist, diese Unterschiede zu akzeptieren. Das fordert uns dazu heraus, unseren Partner wirklich als anderen sehen zu lernen. Dadurch wird das Eigene relativiert und das andere als Ergänzung geschätzt. Den Partner in seinem Anderssein zu akzeptieren lernen gelingt dann, wenn sich jeder der beiden in seinem

Mann- bzw. Frau-Sein wohlfühlt. Dies ist der dritte Schritt. Dafür ist es wichtig, dass Männer intensive Männerfreundschaften und Frauen intensive Frauenfreundschaften unterhalten. Dadurch sind Sie besser in ihrem eigenen Geschlecht »zu Hause«. Außerdem wird dadurch die Liebesbeziehung entlastet. Weiter ist wichtig, dass sich jeder in seiner »Haut« wohlfühlt – d.h. seinen Körper und seine Sexualität akzeptiert. Gelingt dies, profitieren die Partner wechselseitig von der Verschiedenheit des anderen Geschlechts. Das macht sie auch freier, das zu sehen, worin beide Geschlechter ähnlich sind.

Schaffen Sie sich ein positives Selbstbild — Übung

Stellen Sie sich zunächst Eigenschaften vor, an die Sie bei sich selbst fest glauben. Rufen Sie sich zu diesen Glaubenssätzen innere Bilder und Filme ab, die Ihre eigene Person zeigen. Sie werden feststellen, dass Sie zu diesen Pluspunktsätzen überwiegend sympathische Selbstbilder von sich selbst abrufen. Suchen Sie ein Foto von sich, auf dem Sie sich liebenswert und sympathisch finden. Suchen Sie auch ein Foto oder einen Schnappschuss heraus, welche Sie im Kontakt mit anderen zeigen. Wenn Sie möchten, können Sie sich eine kleine Fotosammlung Ihrer liebenswerten Selbstbilder anlegen. Nun suchen Sie aus dieser Sammlung Ihr Lieblingsbild heraus und machen mit ihm folgende Übung:

1. Schauen Sie sich Ihr Lieblingsbild zunächst an.
2. Legen Sie es dann weg und behalten Sie es möglichst lebhaft in Ihrer Vorstellung.
3. Nun machen Sie dieses Bild lebendig, vergrößern Sie es bis auf Live-Format, leuchten Sie es gut aus, lassen Sie die Farben echt wirken.
4. Bringen Sie jetzt Bewegung in Ihr Selbstbild. Machen Sie es dreidimensional und lebendig, Ihr Selbstbild bewegt sich, spricht oder lacht.

5. Wenn Ihnen die Ausstrahlung so richtig gut gefällt, nehmen Sie dieses lebendige Selbstbild richtig in sich auf. Sie kennen doch Aussagen wie »jemand hat einen Platz in meinem Herzen« oder »jemand geht mir im Kopf herum«.

6. Wiederholen Sie diese Übung drei Wochen lang möglichst täglich.

Quelle: C. Besser-Siegmund 1996

Inwieweit entweder Ähnlichkeiten oder aber Unterschiede zwischen Ihnen und Ihrem gleichgeschlechtlichen Elternteil überwiegen, können Sie anhand der nachfolgenden Übung herausfinden. Zudem können Sie im Weiteren einen Blick auf einige Stereotype über das andere Geschlecht werfen. Diese können nämlich dazu führen, dass wir in bestimmten Situationen nicht auf unseren konkreten Partner reagieren, sondern auf das Bild von einem Mann oder einer Frau, das in unserem Kopf herumspukt.

Übung **Frau-Mann-Modelle und -Stereotype**

Hier können Sie Ähnlichkeiten und Unterschiede zwischen sich und dem gleichgeschlechtlichen Elternteil sowie einige Ihrer Vorurteile über das andere Geschlecht erforschen.
Stellen Sie als Frau Ihrem Partner drei Minuten lang immer wieder dieselbe Frage: **In welcher Weise bist du deinem Vater ähnlich?** Sie werden darauf mit einem einzigen Satz antworten, der stets so anfängt:
Ich bin meinem Vater ähnlich darin, dass ich ...
Sobald Ihr Partner seine Antwort gegeben hat, stellen Sie erneut die Frage: »**In welcher Weise bis du deinem Vater ähnlich?**«
Halten Sie sich an diese Struktur und geben Sie keine Kommentare oder Rechtfertigung ab. Stellen Sie auch keine Fragen. Machen Sie lediglich eine Liste von Ähnlichkeiten – drei Minuten lang.

In der zweiten Runde stellt der Mann seiner Partnerin die Frage:
In welcher Weise bist du deiner Mutter ähnlich? Ihre Partnerin antwortet wieder mit dem oben angeführten Satzanfang:
Ich bin meiner Mutter ähnlich darin, dass ich ...
Machen Sie auch das drei Minuten lang.

Nun beginnt der zweite Teil. Sie verwenden für diesen dieselbe Struktur, nur geht es diesmal um Unterschiede zum gleichgeschlechtlichen Elternteil.
Fragen Sie als Frau Ihren Partner:
In welcher Weise unterscheidest du dich von deinem Vater? Ihr Partner antwortet mit einem Satz, der anfängt:
Ich unterscheide mich von meinem Vater darin ...
Beginnen Sie die zweite Runde: Tauschen Sie die Rollen, sodass der Mann jetzt seiner Partnerin die Frage stellt:
In welcher Weise unterscheidest du dich von deiner Mutter? Ihre Partnerin antwortet in der angegebenen Weise und beginnt jeden Satz mit:
Ich unterscheide mich von meiner Mutter darin, dass ich ...
Setzen Sie sich anschließend zusammen und tauschen Sie sich darüber aus, wie sich Ähnlichkeiten und Unterschiede zum gleichgeschlechtlichen Elternteil auf den Umgang mit Ihrem Partner auswirken.

Gehen Sie nun zum dritten Teil über. Nehmen Sie hierfür ein Blatt Papier und einen Bleistift. Schreiben Sie über das Blatt als männlicher Partner:
Ich habe gehört, Frauen sind ...
und als weiblicher Partner schreiben Sie:
Ich habe gehört, Männer sind ...
Dann schreibt jeder von Ihnen lauter Adjektive auf, die er dem anderen Geschlecht zuordnet. Nehmen Sie sich dafür fünf Minuten Zeit. Anschließend lesen Sie sich gegenseitig Ihre Liste vor. Sprechen Sie darüber, mit welchen Eigenschaften der Liste Ihres Partners Sie sich identifizieren und mit welchen nicht.

Quelle: K. & R. Vopel 1992, modifiziert R. Weber

6. Ihre partnerschaftliche Kommunikation

Ich, du, wir – diese Wörter spielen eine große Rolle, wenn Paare streiten. »Du bist…, du hast…, du tust…!« Wer in einer Beziehung lieber über den Partner redet als über sich selbst oder das gemeinsame Leben, schafft eine gefährliche Distanz. Zu diesem Ergebnis gelangten amerikanische Wissenschaftler durch eine Analyse der Konfliktgespräche von 59 Paaren. Die Teilnehmer bekamen die Aufgabe, einen der wesentlichen Streitpunkte ihrer Partnerschaft zehn Minuten lang zu diskutieren und sich dabei um eine für beide Seiten befriedigende Lösung zu bemühen. Die Gespräche wurden auf Video aufgezeichnet, und anschließend wurde die Häufigkeit der Ich-, Du- und Wir-Aussagen ausgezählt und in Beziehung zur allgemeinen Ehezufriedenheit gesetzt.

Diejenigen Paare, die häufig von »wir« sprachen, hatten gute Chancen auf eine einvernehmliche Einigung, während Du-Botschaften oft zu einem unbefriedigenden Gesprächsergebnis führten. Paare, die häufig »wir« sagen, begreifen sich offensichtlich nicht als Gegner, sondern fassen die Erarbeitung einer Lösung ihres Konfliktes als ihre gemeinsame Verantwortung auf. Paare, die oft das Wort »ich« verwandten, waren am zufriedensten mit ihrer Partnerschaft (Psychologie Heute, Mai 2006).

Der amerikanische Eheforscher Howard Markman (1993) ging in einer Langzeitstudie der Frage nach, was bei Paaren falsch läuft, die Jahre später unglücklich zusammenleben oder sich trennen. Dabei stellte sich heraus: Entscheidend ist die Kommunikation der beiden. Gefährlich wurde es immer dann, wenn Männer Konflikten auswichen oder dazu neigten, sie zu eskalieren. Bei solchen Eskalationen kritisieren und beschuldigen sich die Partner wechselseitig. In glücklichen Beziehungen schaffen es die Partner, nach spätestens vier Runden Schlagabtausch wieder zu konstruktiven Äußerungen zurückzufinden, wie Kurt Hahlweg (1996) in einer deutschen Studie nachgewiesen hat. Paare mit einer mittelprächtigen Beziehung brauchten acht Runden, während solche in zerrütteten Beziehungen aus der wechselseitigen Eskalation überhaupt nicht mehr herauskamen.

Ein Paar, das nicht miteinander spricht, verlernt sich zu kennen, es verliert gewissermaßen die Beziehung zu seiner Beziehung und es langweilt sich miteinander.

Warum wir miteinander reden sollten

Warum hat die Art und Weise, wie Partner miteinander reden, so einen großen Einfluss auf die Zufriedenheit mit der Beziehung?

- Weil Kommunikation Nähe und Intimität schafft. In einem guten Gespräch mit meinem Partner kann ich mich öffnen und mich unverstellt mitteilen. Durch sein aktives Zuhören fühle ich mich von ihm gesehen und verstanden. Bin ich zudem in der Lage, auch Kritik anzuhören, ist der Lohn eine lebendige Partnerschaft sowie die Chance, sich selbst weiterzuentwickeln,
- weil wir, während wir über Themen und Gefühle sprechen, dabei unsere Beziehung formen,
- weil wir über unsere Kommunikation kommunizieren können. Denn zum Glück haben wir die Fähigkeit, gleichzeitig Akteur und Beobachter zu sein: Ich tue etwas und ich kann mir dabei über die Schultern schauen,
- weil Kommunikation neben dem Verhalten die wichtigste Austauschebene in einer Beziehung ist. Hört ein Partner dem anderen zu, geht er auf ihn ein, versucht er ihn zu verstehen, so verstärkt er den anderen. Weicht er dem Gespräch aus, redet er ihm dauernd rein und kritisiert ihn, bestraft er ihn. Je mehr positive Verstärkungen, desto stabiler ist die Beziehung, je mehr Bestrafungen, desto gefährdeter ist sie. Überwiegen die negativen Anteile die positiven, fängt man an, sich umzuschauen, wo man an ein günstigeres Verhältnis von Verstärkungen und Bestrafungen kommt. Der bekannte amerikanische Eheforscher John Gottman vergleicht Beziehungen mit einem Girokonto: Wird zu wenig eingezahlt und zu viel abgehoben, droht die Scheidung. Nachdem er jahrzehntelang Ehen studiert hat, schätzt er: Auf jede negative Reaktion müssen mindestens fünf positive kommen, wenn die Beziehung halten soll.

Die beiden Kommunikationsforscher Joachim Engel und Franz Thurmaier (1995) haben eine Reihe von Verschleierungs- und Weghörregeln zusammengestellt, die auf den jeweiligen Partner besonders bestrafend oder verletzend wirken. Wenn Sie diese Regeln beherzigen, tragen Sie mit großer Sicherheit zur Verschlechterung Ihrer Beziehung bei:

Sag niemals »ich« zu dir
Je allgemeiner ich mich ausdrücke, desto weniger kann mich mein Partner festnageln. Der geübte Verschleierer greift daher auf das altbewährte »man« zurück, das er reichlich mit Phrasen und Klischees garniert. Wenn er damit nicht durchkommt, greift er auf das noch unantastbarere »es« zurück: »Es ist einfach eine Tatsache, dass …« Eine raffinierte Verschleierungsvariante ist die »Wir«-Formulierung. Die massivste Form der Verschleierung der eigenen Gefühle und Gedanken ist jedoch der Vorwurf.

Wie es in dir aussieht, geht niemanden etwas an
Dem Äußern der eigenen Gefühle wird aus dem Weg gegangen. Anstelle von echten Gefühlen werden dann scheinbar objektive Gründe vorgeschoben. Der geübte Verschleierer beherrscht die Kunst des »Small Talk«, also das oberflächliche Gespräch. Hinter der Fassade von Oberflächlichkeit oder Sachlichkeit stecken häufig aber ganz andere Gefühle. Eine weitere Form: Wenn ich nicht zugeben will, wie es in mir aussieht, kann ich das genaue Gegenteil meiner wirklichen Empfindungen äußern und noch mit einer Brise Ironie garnieren.

Sag's weder klipp noch klar
Die ersten beiden Verschleierungsregeln besagen, dass ich nicht von mir und schon gar nicht von meinen Gefühlen und Wünschen reden darf. Was aber, wenn ein Gefühl so stark in mir wird, dass ich es nicht einfach zurückdrängen kann? Verallgemeinern ist die Devise der dritten Verschleierungsregel, bloß nicht konkret Stellung beziehen. Statt einer konkreten Verhaltensweise, die mich am anderen stört, schreibe ich ihm eine negative Eigen-

schaft zu, statt die ganz konkrete Situation zu benennen, erkläre ich das Ganze zur Regel.

Das Pokerface
Eine ebenso wirksame wie beliebte Methode des Weghörens ist es, mit dem Gesprächspartner keinen Blickkontakt zu halten. Ist ein Blickkontakt unumgänglich, dann gilt es, ein Pokerface aufzusetzen, also mit keiner Miene, keinem Nicken oder keinerlei bestätigendem »Mhm« oder »Ja« Interesse zu signalisieren.

Immer schön »cool« bleiben
Die zweite Weghörregel besteht darin, einfach keine Rückmeldung dazu zu geben, was das Gesagte in einem auslöst – und auf Nachfragen erst recht cool zu bleiben. Oder das genaue Gegenteil zu machen, nämlich den anderen durch einen Wein- oder Schreikrampf, einen Wutausbruch oder einen pathetisch inszenierten Verzweiflungsakt einzuschüchtern.

Ich weiß eh' schon, was du sagen willst
Bei dieser Weghörregel geht es darum, auf keinen Fall Fragen zu stellen. Fragen signalisieren Interesse und Anteilnahme und das könnte den Partner auf die Idee bringen, dass er nun auch Persönliches von Ihnen erfahren möchte.

Paaren mit Kommunikationsproblemen gebe ich meistens folgende Ratschläge:

- Am Abend vorher oder spätestens morgens zwei bis fünf Minuten lang den Partner über das eigene Tagesprogramm informieren.
- Nach Feierabend ein 20- bis 30-minütiges entspanntes Gespräch führen: Die »Wie-war-dein-Tag?«-Konversation hilft Ihnen beiden, mit dem Stress fertig zu werden, der nicht durch die Partnerschaft erzeugt wird. Die Hauptregel ist, dass Sie über alles reden, was Ihnen durch den Kopf geht, doch muss es etwas sein, was nicht mit Ihrer Partnerschaft zu tun hat.

- Eine Stunde pro Woche freihalten, um miteinander ausführlich zu reden oder über Meinungsverschiedenheiten zu diskutieren.
- Benutzen Sie Sprecher- und Zuhörerregeln. Darauf basiert die Mehrzahl erprobter Kommunikations- und Partnerschaftsprogramme.

Sprecher- und Zuhörerregeln

- Regeln für das Sprechen

1. Offen sprechen
Sagen Sie offen, was Sie bewegt. Vermeiden Sie Vorwürfe und schildern Sie einfach, womit Sie sich unwohl fühlen.

2. Sagen Sie »Ich«
So bleiben Sie bei Ihren eigenen Gefühlen. Du-Sätze beinhalten meist Angriffe und führen zu Gegenattacken.

3. Bleiben Sie bei konkreten Situationen
Ihr Partner versteht so besser, was Sie meinen. Wenn Sie Verallgemeinerungen wie »nie« und »immer« verwenden, werden ihm wahrscheinlich sofort Gegenbeispiele einfallen.

4. Sprechen Sie konkretes Verhalten an
So vermeiden Sie es, den Partner insgesamt etwa für langweilig oder unfähig zu erklären. Denn dann müsste er sich als Person verteidigen und sich in seiner Persönlichkeit ändern. Über einzelnes Verhalten wird er dagegen mit sich reden lassen.

5. Bleiben Sie beim Thema
Alte Probleme wieder aufzuwärmen, führt nur zu neuem Streit. Die Lösung der gegenwärtigen Schwierigkeiten wird erschwert.

- Regeln für das Zuhören

1. Zeigen Sie, dass Sie zuhören
Wenden Sie sich dem Partner zu und halten Sie den Blickkontakt. Sie können auch durch Nicken signalisieren, dass Sie folgen. Eine andere Möglichkeit sind Ermutigungen wie »Ich würde gerne mehr darüber hören«.

2. Fassen Sie zusammen
Wiederholen Sie mit Ihren eigenen Worten, was der Partner gesagt hat. So merkt er, ob alles richtig bei Ihnen angekommen ist, und kann dann Missverständnisse korrigieren.

3. Fragen Sie offen
Der andere muss so antworten können, wie er es will. Schlecht ist es, wenn er sich erst gegen Unterstellungen wehren muss, etwa: »Lag das an deiner Unsicherheit?«

4. Loben Sie für gutes Gesprächsverhalten
Wenn Ihr Partner sich an die Regeln hält, können Sie das ruhig erwähnen. Beispiel: »Es freut mich sehr, dass du das so offen gesagt hast.«

5. Sagen Sie, wie Sie seine Worte empfinden
Wenn Sie mit den Äußerungen Ihres Partners nicht einverstanden sind, schildern Sie, wie es Ihnen dabei geht. Sie könnten sagen: »Ich bin überrascht, dass du das so siehst.« Sagen Sie nicht: »Das ist ja völlig falsch.« Selbstverständlich ist auch Zustimmung erlaubt.

7. Miteinander streiten können

Die häufigsten Themen, über die sich Paare in die Wolle kriegen, sind Kleinigkeiten, die einem am anderen stören: Geld, Gefühle, Sexualität, Kindererziehung, Schwiegereltern und Verwandtschaft und unterschiedliche Ansichten. Viele liegen sich dabei immer wegen denselben Themen in den Haaren, ohne eine Lösung zu finden. Bei anderen Paaren entfernen sich die Partner immer weiter voneinander, weil die Partner um jeden Preis Streit vermeiden.

Offene ehrliche Kommunikation braucht den Kampf der Meinungen. Wo Menschen mit unterschiedlichem Temperament und mit verschiedenen Interessen aufeinandertreffen, sind Konflikte unausweichlich. Warum soll dies in einer Partnerschaft anders sein? Nur weil sich zwei lieben? Debatten, Kontroversen, Kritik und offen geführter Streit schaffen eine lebendige Partnerschaft.

Freilich kann der Streit zwischen Partnern, wie fast jedes menschliche Verhalten, nicht nur produktiv, sondern auch zerstörerisch wirken. Er kann mit Kränkungen einhergehen und unter Umständen in körperliche Gewalttätigkeiten ausarten. Dass Konflikte oft destruktiv verlaufen, basiert auf einer Reihe von Mechanismen, die das Sprichwort von der kleinen Ursache und der großen Wirkung bewahrheiten:

1. Der Konflikt wird nicht angegangen, solange er noch »frisch« ist, sondern aufgeschoben.
2. Dadurch wird nicht mehr allein über das augenblickliche Verhalten gestritten.
3. Es kommen Stereotype ins Spiel, die den Ärger zum grundsätzlichen Vorwurf steigern.
4. Es wird die unerfüllbare Forderung erhoben, Vergangenes zu ändern.
5. Es wird über Probleme gestritten, die nicht lösbar sind.

Um dem Streit seine zerstörerische Wirkung zu nehmen, müssen Paare einige Regeln befolgen. Einige davon stammen von F. Naumann (1995), andere aus meiner paartherapeutischen Praxis. Wer sich an sie hält, ist auf der sicheren Seite und bringt einen Streit erfolgreich zu Ende.

Streit-Regeln

Unlösbare Probleme

Vielen Konflikten liegen einfach unterschiedliche Persönlichkeitszüge oder Wertesysteme zugrunde. Wenn man über diese Differenzen streitet, dann verschwendet man nur seine Zeit und gefährdet seine Partnerschaft. Das heißt nicht, dass man nichts tun könnte, wenn die Beziehung von Konflikten überwältigt wird. Sie müssen die allem zugrunde liegende Uneinigkeit, die den Konflikt zwischen Ihnen beiden hervorruft, verstehen, und Sie müssen lernen, einander dennoch zu respektieren und zu akzeptieren.

Die Bereitschaft, den Konflikt zu bereinigen
Einen Konflikt kann nur bereinigen, wer das auch möchte. Die wichtigste Voraussetzung dafür ist die Bereitschaft, vor der Auseinandersetzung nicht davonzulaufen, sondern sich ihr zu stellen. Damit bekunde ich mein Interesse und meine Identifikation mit der Beziehung: »Ich stehe zu dieser Beziehung!«

Das Ziel der Auseinandersetzung klären
Streit um Trivialitäten und um Stellvertreterthemen machen den größten Teil der alltäglichen Auseinandersetzungen aus. Sie könnten vermieden werden, wenn die Partner sich selbst oder dem anderen die Frage stellten, worum es eigentlich geht? Worin genau besteht unsere Meinungsverschiedenheit? Was ist das eigentliche Thema? Zu Beginn des Streits sollte man daher gemeinsam klären, worum es eigentlich geht.

Jeder Streit sollte einen Anfang und ein Ende haben
Das Ende des Streits kommt dadurch zustande, dass man den Partner fragt, wie man gemeinsam die Situation ändern kann. Damit kommt man aus der Vorwurfs-Verteidigungsschleife heraus.

Konzentrieren Sie sich auf den aktuellen Konflikt
Sprechen Sie den Konflikt sofort an. Dann sind die zugrunde liegenden Entscheidungen und Gefühle noch präsent und Sie geraten nicht so leicht in die Situation, Aktuelles mit Vergangenem zu verknüpfen.

Achten Sie auf Warnsignale des Partners
Warnsignale des Partners liefern den Hinweis, dass einer der Partner gerade dabei ist, die Toleranzbereitschaft des anderen überzustrapazieren. Fragen Sie Ihren Partner, was ihn stört, und versuchen Sie die Antwort, die Sie erhalten, im weiteren Verlauf des Streits in Rechnung zu stellen – und zwar bevor der Streit eskaliert.

Den Partner nicht in die Enge treiben
Schlagen Sie Ihren Partner nicht mit Argumenten »k. o.« und bügeln Sie seine Argumente nicht brüsk ab, sondern hören Sie ihm aktiv zu und achten Sie darauf, dass die Gesprächsanteile einigermaßen gleich verteilt sind.

Auf Wut deeskalierend reagieren
Reagieren Sie auf einen Wutanfall Ihres Partners niemals auf der Sachebene, denn dann wird seine Wut noch schlimmer. Deeskalierend zu reagieren bedeutet, dem Partner die Gelegenheit zu geben, sich seine Wut von der Seele zu reden – mit dem Ziel, anschließend in Ruhe über den Grund der Wut zu sprechen. Beleidigungen und Überheblichkeiten sind jedoch tabu. Wenn es zu heftig wird, sollte eine Auszeit erfolgen.

Unternehmen Sie Rettungsversuche
Damit ist jede Botschaft oder Handlung gemeint, dass die Negativität außer Kontrolle gerät.

Ein fairer Streit endet mit einer Einigung
Bei einem Streit muss die Beziehung gewinnen, nicht einer der Partner. Wer sich als Verlierer fühlt, wird versuchen, zum Gegenschlag auszuholen, oder bei wiederholten Niederlagen sich innerlich davonstehlen. Eine Einigung kann in einem Kompromiss bestehen, im abwechselnden Bestimmen, einer dritten Lösung, dem gemeinsamen Verzicht, dem Vertagen oder der Einsicht, dass man auch nach dem Streit weiter anderer Meinung ist. Dies gilt es dann zu akzeptieren.

Versöhnen Sie sich
Beenden Sie Ihren Streit mit einem Austausch positiver Gefühle, denn damit stabilisieren Sie Ihre Beziehung und runden die Meinungsverschiedenheit und den Streit positiv emotional ab. Sie bestätigen einander, dass trotz aller Gegensätze und Herausforderung die Wertschätzung füreinander das Dominierendere in Ihrer Beziehung ist.

Vereinbarungen sind nicht unkündbar
Einmal getroffene Vereinbarungen haben keinen Ewigkeitswert. Jeder hat das Recht, seine Ansichten zu ändern und auf einmal gut zu finden, was ihm früher unerträglich vorkam. Beziehungen verändern sich, weil Menschen sich verändern. Argumente wie »Da hast du früher doch auch nichts dagegen gehabt« sind wenig hilfreich. Wer seinen Partner kritisiert, weil er sich ändert, darf sich nicht wundern, wenn er dessen Widerstand provoziert oder die Beziehung in Monotonie erstickt.

Von Zeit zu Zeit Inventur machen
Wenn das Kind schon in den Brunnen gefallen ist, ist es meist zu spät. Deshalb sollte man immer wieder Inventur machen und überlegen, wie die Beziehung läuft: Gibt es Ermüdungserscheinungen? Lässt das Interesse aneinander nach? Ist noch genügend Vertrauen vorhanden? Was läuft nach wie vor gut? Auf diese Weise kann ein Paar die »Zeichen an der Wand« – das sind meist kleine Warnsignale – rechtzeitig erkennen und auf die sich dadurch ankündigenden Entwicklungen besonnener reagieren.

Eine lebendige Partnerschaft ist ohne Meinungsverschiedenheiten, Konflikte und Reibereien nicht möglich. Meist sind es zunächst Kleinigkeiten, an denen sich der Unmut über den anderen entzündet, später dann alltägliche Themen. Dahinter verbergen sich in der Regel jedoch ernstere Meinungsverschiedenheiten und Konflikte. Die wichtigsten sind:

■ Erwartungen an den Partner

Bis auf die stabilen Zwischenphasen ist der Abgleich der gegenseitigen Erwartungen ein Dauerthema.

■ Selbstverständnis der Beziehung

Die Partner müssen heute ihre Beziehung mehr oder weniger selbst definieren und sich darauf einigen, nach welchem Modell sie dabei vorgehen wollen.

■ Lebenssinn

Ist die Beziehung mein ganzer Lebenssinn? Was erwarte ich vom Leben, was erwartest du? Engen wir uns gegenseitig ein, oder eröffnen wir uns gemeinsam neue Freiheiten?

Keine Liebesbeziehung kann sich entwickeln, ohne dass diese Fragen immer wieder neu geklärt werden. Jeder, der in einer dauerhaften Partnerschaft lebt, kann sich prüfen:

1. Kenne ich die Ansichten meines Partners dazu?
2. Kennt er die meinen?
3. Können wir offen und ehrlich darüber reden und uns, wenn nötig, fair und hart darüber streiten?
4. Haben wir darüber eine Einigkeit erzielt, die unsere Beziehung wieder für eine gewisse Zeit trägt?

Wer diese Fragen uneingeschränkt mit Ja beantworten kann, hat nicht nur seine Partnerschaft auf ein sicheres Fundament gebaut, sondern zählt zweifellos auch zu den »produktiven Streitern«.

Übung **Kompromisse finden**

Für die Übung benötigen Sie ein DIN-A4-Blatt Papier und einen Stift. Denken Sie an ein kontroverses Thema zwischen Ihnen und Ihrem Partner. Malen Sie nun auf das Blatt Papier einen großen Kreis und in diesen einen kleineren. Schreiben Sie in den kleineren Kreis die Aspekte des Problems, bei denen Sie glauben, keine Zugeständnisse machen zu können. In die verbleibende freie Fläche des größeren Kreises listen Sie die Aspekte des Themas auf, bei denen Sie kompromissbereit sind.

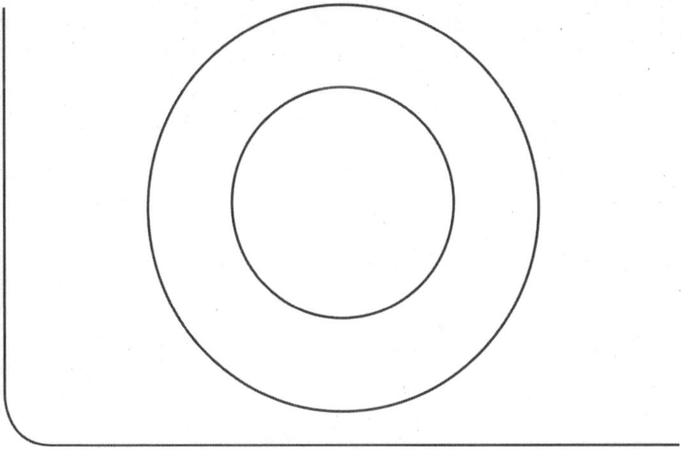

R. Weber 2006

8. Beziehungskiller Stress

Stress macht auf Dauer krank. Das ist inzwischen eine bekannte Tatsache. Weniger bekannt ist, dass er auch Beziehungen zerstören kann. Gemeint ist nicht etwa Beziehungsstress, sondern Druck von außen. Kommt Ihnen das bekannt vor?

Dieser Druck von außen hat zugenommen. Arbeitslosigkeit, Mobilitätsdruck, Arbeitsdruck, Zeitstress, älter werdende und zu betreuende Eltern – das sind nur einige Faktoren. Dazu kommen die ganz normalen Umbrüche: wenn Paare zum ersten Mal Eltern werden und sich ihr Zusammenleben grundlegend verändert, wenn sie ein Haus bauen oder eine Eigentumswohnung kaufen und plötzlich hoch verschuldet sind, wenn ein Partner überraschend die Kündigung erhält und nur noch frustriert zu Hause sitzt oder wenn ein Kind schwer erkrankt und über lange Zeit versorgt werden muss – dann entsteht erheblicher Stress.

Als Folge wächst der Druck auf die Partnerschaften. Wenn diese keine wirksamen Mechanismen zur individuellen und gemeinsamen Stressbewältigung entwickeln, nimmt die partnerschaftliche Zufriedenheit ab und die Beziehung nimmt Schaden. Akute Belastungen wirken sich negativer auf die Partnerschaft aus, wenn im Hintergrund bereits chronischer Stress schwelte. Andauernder chronischer Stress führt dazu, dass sich die Partner eher zurückziehen, weniger miteinander sprechen und häufiger psychische oder körperliche Probleme entwickeln.

Sich gegenseitig unterstützen

Wenn Paare chronischen Stress jedoch bewältigen konnten, bleibt die Zufriedenheit mit der Ehe bestehen. In meiner langjährigen Praxis konnte ich immer wieder feststellen, dass solche akuten Stressphasen Paare sogar anspornten, kreative Wege zu finden, die sich positiv auf die Beziehung auswirkten.

Wie können Sie, wenn Ihre Partnerschaft durch Druck von außen belastet ist, damit so umgehen, dass dieser Ihre Beziehung nicht gefährdet? Ich möchte Ihnen hierfür eine Reihe von Übungen vorschlagen, die auf der gemeinsamen Bewältigung von Stress basieren (G. Bodenmann 2004). Hier reagieren beide Partner als Team: Sie unterstützen sich gegenseitig, verhalten sich einfühlsam, halten sich mit kritischen Beurteilungen zurück und bieten auch schneller praktische Hilfe an – zum Beispiel Aufgaben zu übernehmen, die sie vorher nicht hatten. Gegenseitiges Vertrauen spielt dabei eine wichtige Rolle. Es bedeutet: Ihr Partner kann sich darauf verlassen, dass Ihnen sein Wohlbefinden wichtig ist und dass Sie sich um ihn kümmern, wenn es nötig ist.

Malen Sie Ihr »Stressmanhattan«

Zeichnen Sie nebeneinander eine Reihe gleich großer Säulen, die für mögliche Stressbereiche wie Partnerschaft, Familie, Kinder, Beruf, Freizeit, soziale Beziehungen, Finanzen, Gesundheit oder anderes stehen. Füllen Sie nun jede Säule so weit mit einem Bleistift aus, wie sie den Bereich als belastend erleben. Fangen Sie mit der Säule mit dem höchsten Stress an und füllen Sie die übrigen entsprechend aus. So entsteht eine Skyline aus Wolkenkratzern. Bitten Sie Ihren Partner, dasselbe zu tun, und sprechen Sie gemeinsam über das Ergebnis.

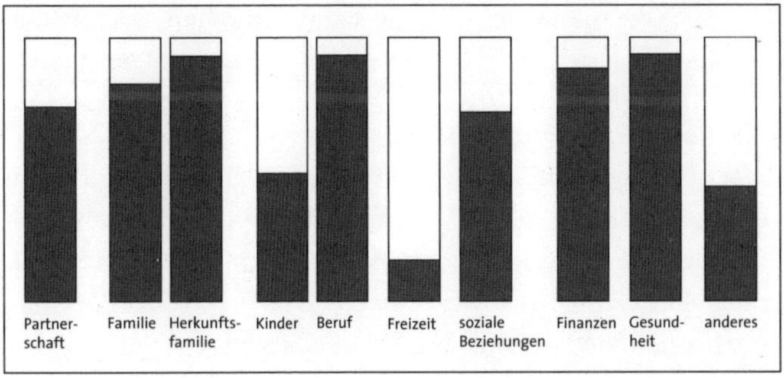

© Bodenmann, G. (1996). Freiburger Stressbewältigungstraining. Trainermanual. Fribourg: Universität Fribourg

Verbesserung der Wahrnehmung von Stress beim Partner

Ein erster Schritt zur gemeinsamen Bewältigung äußerer Belastungen besteht darin, dass die Partner Stress beim anderen überhaupt wahrnehmen. Stress kann sich unterschiedlich zeigen: in Worten – Aussagen über Stressgefühle, Selbstabwertungen, Anschuldigungen oder Äußerungen von Verzweiflung, im Tonfall – gereiztes, lautes Sprechen, ungeduldige Stimme. Oder ganz ohne Worte – Schweigen, Rückzug, Zittern, kalte Hände, Blässe, innere oder äußere Unruhe. Wenn Sie zuverlässige Anhaltspunkte über das Befinden Ihres Partners haben wollen, müssen Sie ihn auf allen drei Ebenen beobachten. Sprechen Sie mit Ihrem Partner darüber.

Teilen Sie Ihren Stress klar und unmissverständlich mit

Nonverbal ausgedrückter Stress ist am schwierigsten zu erkennen. Deshalb: Je klarer Sie Ihrem Partner sagen, was geschehen ist, was Sie belastet und wie Sie sich fühlen, desto größer ist die Chance, dass er darauf eingeht:

- seien Sie offen, sprechen Sie von einer konkreten Stresssituation
- teilen Sie Ihrem Partner mit, wie Sie sich fühlen und was Sie daran beschäftigt

- finden Sie zusammen mit ihm heraus, was ihn, was Sie besonders belastet.

Was Sie als Partner tun können
Zeigen Sie Interesse, unterbrechen Sie Ihre Tätigkeit und wenden Sie sich Ihrem Partner zu. Lassen Sie den anderen ausreden und üben Sie keine Kritik. Machen Sie nicht sofort einen Vorschlag. Fragen Sie nach, wenn Ihnen etwas nicht klar ist. Zeigen Sie Mitgefühl und drücken Sie Verständnis aus.

Gemeinsame Lösungen suchen
Stress von außen betrifft oft beide. Suchen Sie daher gemeinsam nach Lösungsmöglichkeiten und finden Sie Kompromisse. Vereinbaren Sie, wie Sie diese Lösung in konkretes Verhalten umsetzen wollen: Wer übernimmt was, ab wann wird es gemacht, welche Hindernisse könnten auftreten. Möglichkeiten der sachbezogenen Unterstützung durch Ihren Partner sind (nach G. Bodenmann):

- Konkrete Hilfeleistungen
- Mithilfe bei der Analyse eines Problems
- Hilfe bei der Suche von Lösungen
- Informieren des Partners
- Mithilfe bei der Planung und Organisation von Aktivitäten und Ereignissen
- Erledigung von Aufgaben für den Partner
- Ermöglichung von Freiräumen für den Partner

Möglichkeiten der emotionalen Unterstützung sind:

- Verständnisvolles Zuhören
- Mithilfe bei der Umbewertung der Situation
- Mithilfe zur Gefühlsberuhigung
- Solidarisierung
- Glaube an den Partner
- Mut machen
- Trost durch körperliche Berührung

Geben Sie sich Feedback

Teilen Sie Ihrem Partner mit, was dieser unternommen hat, um Ihnen zu helfen, wie zufrieden Sie damit sind, wie hilfreich diese Unterstützung für Sie war und was Sie sich stattdessen oder zusätzlich noch wünschen würden.

Verlieren Sie Ihren Partner nicht aus den Augen

Im Trubel des Alltags, voller Terminkalender und eigener Bedürfnisse verlieren wir den Partner aus den Augen und beginnen ihn als etwas Selbstverständliches anzusehen. Planen Sie deshalb regelmäßige gemeinsame Zeit mit dem Partner ein. Diese darf

Achtsamkeit **Test**

Machen Sie folgenden kleinen Test, um herauszufinden, wie achtsam und dankbar sie miteinander umgehen. Beantworten Sie die einzelnen Fragen und geben Sie sich ein A für die Antwort trifft zu, ein B für trifft teilweise zu und ein C für trifft selten oder gar nicht zu.

Wir planen regelmäßige gemeinsame Zeit füreinander ein	A	B	C
Wir haben eine ganze Reihe von Gemeinsamkeiten, die von uns als wichtig und befriedigend erlebt werden	A	B	C
Wir pflegen ganz bewusst eine Reihe von Ritualen und liebevollen Gewohnheiten	A	B	C
Wir nehmen die kleinen Wohltaten des anderen wahr und anerkennen sie	A	B	C

nicht durch andere oder anderes gestört werden. Ob dies ein Abend pro Woche, ein ganzer Tag am Wochenende, die Zeit vor dem Schlafengehen ist, bleibt Ihnen überlassen. Wichtigste Regel hierfür: Diese Zeit darf nicht missbraucht werden, um Probleme zu besprechen, Konflikte auszutragen oder den Alltag zu organisieren.

9. Beruf und Familie

Mit Kindern zu leben ist eine der schönsten und erfüllendsten Erfahrungen. Niemand, der Kinder hat, wird auf sie verzichten wollen. Und doch verraten die steigende Zahl von Kinderlosen und die hohe Scheidungsrate in den ersten drei Ehejahren, dass dieser Schritt weder leicht noch selbstverständlich ist.

Frauen verfügen heute über einen ähnlich hohen Bildungsstand wie Männer. Die meisten sind erwerbstätig, wenn sie auf den Mann ihrer Träume treffen. Und die meisten treten eine Partnerschaft in der Hoffnung an, dass diese gesellschaftlichen Veränderungen einen Einfluss auf die Arbeitsteilung innerhalb der Partnerschaft und insbesondere der Familie haben. Dies funktioniert noch so einigermaßen, solange Frauen keine Kinder haben. In dem Augenblick aber, in dem durch Kinder größere Zeitkonflikte auftreten, ist alles fast wieder beim Alten: Die Frauen kümmern sich vor allem um Haushalt und Kinder und gehen vielleicht arbeiten, wenn es die familiäre Situation erlaubt oder erfordert, und die Männer setzen einfach ihre Erwerbstätigkeit und Karriere fort. »Verbale Aufgeschlossenheit bei relativer Verhaltensstarre« – so charakterisiert der Soziologe Ulrich Beck die Rollenflexibilität von Männern.

Kinder führen in unserer Gesellschaft häufig zur Traditionalisierung der Rollen. Spätestens mit dem ersten Kind wird aus einer partnerschaftlichen eine traditionelle Beziehung. Eine ungleiche Aufteilung im Haushalt muss zwar nicht zwangsläufig als unfair erlebt werden. In vielen Fällen wirkt sich diese jedoch negativ auf die Zufriedenheit mit der Partnerschaft aus und sorgt für jede Menge Konfliktstoff. Der Beziehungsfriede ist nachhaltig gestört.

Was zementiert die geschlechtsspezifische Arbeitsteilung? Es sind wohl vor allem drei Gründe:

1. Die gesellschaftlichen Vorgaben und der sich daraus ergebende äußere Druck auf die Paare: Tendenziell verlangen die Arbeitgeber von ihren Mitarbeitern, dass sie entweder kinderlose Singles sind oder, wenn sie Familienväter sind, dass sie eine Frau zu Hause haben, die ihnen den Rücken freihält.
2. Grundlegende stereotype Erwartungen: Zur männlichen Rollendefinition gehörte nie und gehört auch heute nicht die Beteiligung an Haushalt und Familienaufgaben. Die Priorität des Mannes liegt auf Erwerbstätigkeit und Karriere. Ein beruflich erfolgreicher Mann gilt automatisch als attraktiver Ehemann und Vater, was so nicht stimmt. Aber die Männer haben dadurch keinen Konflikt: In dem Maße, wie sie beruflich erfolgreich sind, sind sie auch in ihrer Familienrolle erfolgreich. Das patriarchale Modell von Arbeitsmann und Familienfrau tragen wir alle in uns.
3. Die geschlechtsspezifische Alltagsdimension: Unser tägliches Tun hat häufig eine geschlechtsspezifische Dimension wie etwa Bügeln oder Autoreparieren. Wenn wir im Alltagsleben bestimmte Dinge tun, zeigen wir uns selbst und der Umwelt, dass wir ein Mann oder eine Frau sind. Diejenigen, die sich anders verhalten, müssen sich rechtfertigen, weil sie den Erwartungen nicht entsprechen. Oder sie werden hämisch belächelt oder erleben Sanktionen.

Gesellschaftliche Rahmenbedingungen

Wenn also Partner Probleme mit der Vereinbarkeit von Beruf und Familie haben, so scheitern sie hier nicht nur an persönlichen Grenzen, sondern sie scheitern in erster Linie an den gesellschaftlichen Verhältnissen. Wenn sich die Partner dies bewusst machen, geraten sie nicht so schnell in einen »Kampf der

Geschlechter«. Dies kann bereits ein erster Schritt zu einem anderen Umgang mit diesem Problem beziehungsweise zu einer Lösung sein. Weitere Schritte sind:

Solidarisierung
Betrachten Sie das Problem als gemeinsamen Feind, wofür nicht der eine oder die andere verantwortlich ist, sondern worunter Sie beide gemeinsam leiden. Voraussetzung für dieses Bündnis ist, dass der »Arbeitsmann« auch »Familienmann« sein will.

Finden Sie gemeinsam Ihre persönliche Balance zwischen Beruf und Familie
Gehen Sie der Frage nach, was Ihr persönliches Modell einer guten Balance zwischen Beruf und Familie ist. Dazu stehen Ihnen im Prinzip drei Möglichkeiten zur Verfügung (H. Jellouschek, 2006):

- Das Modell »Arbeitsmann und Familienfrau«
  Bei diesem Modell verdient der Mann das Geld und die Frau kümmert sich um die Kinder, den Haushalt und alles Übrige. Die Zukunftschancen dieses Modells sind jedoch nicht mehr allzu rosig.
- Das Modell »Teilzeit«
  In diesem Modell verändert sich zwar die Rolle der Frau, nicht aber die des Mannes. Er bleibt der »Arbeitsmann«, während die Frau teilzeitmäßig und vielleicht später auch vollzeitmäßig am Berufsleben teilnimmt, allerdings behält sie meist die gesamte Zuständigkeit für alles andere bei. Es ist das Modell, das unter den heutigen Bedingungen am ehesten umsetzbar ist, stellt aber keine wirkliche Balance von Beruf und Familie zwischen Frau und Mann dar.
- Das Modell »Sowohl-als-auch«
  Dieses Modell beinhaltet die Berufs- und Familienorientierung sowohl für den Mann wie auch für die Frau und stellt somit das Gegenteil einer von vornherein geschlechtsspezi-

fischen Aufteilung von Beruf und Familie dar. Dabei geht es nicht um starre Prozentsätze. Wie ein Paar dieses Modell konkret umsetzt, bleibt ihm überlassen.Entscheidend ist jedoch, dass beide Partner ihre Selbstverwirklichung sowohl im Beruf als auch in der Familie suchen. Wenn es um die individuell passende Lösung geht, können beide im Wechsel Elternzeit nehmen und für die Kinder zeitweise zu Hause bleiben, oder beide könnten Teilzeit arbeiten und sich zu Hause abwechseln, oder beide könnten voll berufstätig sein und außerfamiliäre Betreuungsmöglichkeiten für die Kinder nutzen.

Sich stereotype Erwartungen bewusst machen

Werden Sie sich bewusst, wie sehr auch in Ihnen die Rollenmodelle Ihrer Eltern und anderer wichtiger Bezugspersonen noch nachwirken.

Achten Sie zudem darauf, wo Sie sich in Ihrem Zusammenleben gegenseitig selber auf diese alten Rollenbilder festlegen. Als Frau tun Sie dies, wenn Sie immer etwas daran auszusetzen haben, wenn Ihr Mann sich um die Kinder kümmert. Als Mann tun Sie dies, wenn Sie Ihrer Frau Schuldgefühle machen, dass sie nicht voll und ganz für die Kinder da ist.

Sich die Einseitigkeit bewusst machen

Als Arbeitsmann stehen Leistung, Effektivität und Zielorientierung im Vordergrund, als Familienfrau Fürsorge, Gefühl und Beziehung. Ganzheitlichkeit besteht jedoch darin, dass ich als Mann auch »weibliche« Anteile und als Frau »männliche« Anteile entwickle. Die Männer nur auf die eine Seite, die Frauen nur auf die andere Seite festzulegen ist eine einseitige Beschneidung ihrer jeweiligen Möglichkeiten.

Klärungen nicht auf die lange Bank schieben

Je länger eine Ehe dauert, desto mehr verfestigen sich geschlechtsspezifische arbeitsteilige Strukturen im Alltag und desto schwieriger wird es, die Männer dazu zu bewegen, sich stärker zu beteiligen. Deshalb bereits zu Beginn der Berufs- und Familienphase die Positionen abstecken und klar sagen, was sich jeder wünscht. Zeigen Sie sich als Partnerin nicht zu harmoniesüchtig und konfliktscheu.

Über die Verteilung von Hausarbeit und Kinderbetreuung verhandeln

Mutter und Hausfrau zu sein ist ein wichtiger, anstrengender Beruf. Fordern Sie dafür etwas. Seien Sie als Mann kompromissbereit. Verhandeln Sie miteinander. Überprüfen Sie die Zuständigkeiten von Ihnen und Ihrem Partner für Familie, Haushalt und Beruf. Überprüfen Sie, ob Sie alle in Ihrem Fall an sich vorhandenen Möglichkeiten einer befriedigenden Aufteilung von Berufs- und Familienarbeit nutzen – Familiensituation, betriebliche Angebote, finanzieller Spielraum usw. –, und wenn nicht, warum nicht. Machen Sie sich bewusst, dass sich die Zeiten auch wieder ändern und Sie wieder mehr Freiräume haben werden.

Neinsagen

Neinsagen ist die wichtigste Technik für Balancewillige. 65 Prozent der heiß geliebten Freizeit verbringen die meisten Menschen mit Dingen, die sie eigentlich nicht tun wollen.

Partnerschaftlichere Männer

Männer können in vielfältiger Weise selbst von einer Neuorientierung profitieren. Sie werden weicher, sind partnerschaftlicher, kennen sich in ihrer eigenen Psyche besser aus, sind toleranter und weniger autoritär. Am meisten aber profitieren die Kinder. Denn die positive Zuwendung und die Erziehungsleistung der Väter sind für sie ernorm wichtig.

Prioritäten überdenken

Mütter, die nur wenige Stunden in der Woche berufstätig sind, sind oft am meisten belastet, da sie ständig das Gefühl haben, nichts richtig zu machen. Frauen in dieser Situation sollten ihre Prioritäten überdenken. Wenn ihnen der Beruf wirklich wichtig ist, dann könnte die Lösung möglicherweise in einem verstärkten Engagement für den Job liegen bei gleichzeitiger Delegation von Haushaltsaufgaben an den Ehemann oder hilfreiche Dritte.

Bloß nicht wie die Eltern

Vorsicht vor Trotzreaktionen im Umgang mit den eigenen Kindern. Von einem eigenständigen Erziehungsverhalten kann erst gesprochen werden, wenn manches bei den eigenen Kindern so gemacht wird wie bei den Eltern. Und manches anders.

Auf Fantasiereise gehen

Sich noch einmal gefühlsmäßig in die eigene Kindheit versetzen hilft beim Aufdecken unbewusster Verhaltensmuster. Hilfreich hierfür sind Fotoalben oder Tagebuchaufzeichnungen. Wie fühlte es sich an, dieses Kind zu sein?

Im Schlechten das Gute finden

Über den eigenen Kindheitswunden sollte man nicht die positiven Seiten vergessen. Dabei hat das auf den ersten Blick Negative manchmal sogar was Positives. Aus fehlender Geborgenheit kann beispielsweise Selbstständigkeit entstanden sein. Wenn es schwierige Aspekte der Vergangenheit gibt, die Sie stark gemacht haben, können Sie sich fragen: Wie kann ich diese Stärke an unsere Kinder weitergeben?

Äußerungen von Müttern

»Ich möchte, dass er mehr kooperiert und Anteil nimmt, aber er macht alles völlig anders als ich.«

»Dein Mann ist wenigstens irgendwie beteiligt, meiner steht völlig außerhalb des Geschehens. Er ist wie ein weiteres Kind.«

»Wir streiten ständig darüber, was wir tun sollten, und darüber verlieren wir die Kinder aus dem Blick.«

»Es war fast leichter, als die Männer sich überhaupt nicht um die Kinder kümmerten, wenigstens wurde da alles richtig gemacht.«

Äußerungen von Vätern

»Nichts kann ich ihr recht machen. Sie kritisiert mich ständig.«

»Ich soll die Hälfte der Arbeit übernehmen, sie aber will alle Entscheidungen treffen.«

»Ich finde, dass sie den Kindern gegenüber viel zu nachgiebig ist. Die müssen auch mal lernen, dass die Welt nicht so freundlich ist wie ihre Mutter.«

»Sie hört mehr auf ihre Freundinnen und ihre Mutter als auf mich.«

Quelle: R. Taffel/R. Israeloff 1999

10. Machtspiele

In jeder Liebesbeziehung – auch in glücklichen – funktionieren Machtstrukturen. Mann und Frau versuchen ihre Interessen durchzusetzen – häufig agieren sie im Verborgenen. Glückliche und zufriedene Beziehungen basieren darauf, dass die Macht zwischen den Partnern ausgewogen verteilt ist. Jeder ist mal stark und jeder darf auch mal schwach sein. Allerdings erreichen die wenigsten Paare diese Balance der Macht: Kindheitserfahrungen und traditionelle Rollenverhältnisse machen oft die Bemühungen um Gleichberechtigung zunichte.

Als Kind entstand unser Gefühl der Sicherheit und des Schutzes aus der grundsätzlich ungleichen Beziehung zu unseren Eltern oder anderen erwachsenen Bezugspersonen, die für uns sorgten. Als Erwachsene neigen wir dazu, einigen Unsicherheiten des Lebens zu begegnen, indem wir unsere Beziehungen hierarchisch strukturieren: Wenn wir auf der Machtwippe oben sitzen, gibt uns dies das Gefühl, die Dinge zu lenken. Sitzen wir am untern Ende, hoffen wir, versorgt und beschützt zu werden. Vielleicht stützen wir uns gern auf unseren Partner wegen seiner Stärke und seinen Führungsqualitäten, doch wenn man die ganze Zeit am unteren Ende der Wippe sitzt, fühlt man sich leicht gedemütigt und begrenzt – ein bisschen wie in einer immerwährenden

Kindheit. Oder: Anfänglich sind wir in unserer Partnerschaft vielleicht gern stark und bestimmend. Doch wenn wir immer nur auf dem oberen Ende der Wippe sitzen, dämmert uns mit der Zeit, wie anstrengend diese Position ist und wie leicht man nach unten stürzen kann.

Der direkteste Weg zum Scheidungsrichter ist so zu tun, als wäre man dem anderen weit überlegen. Indirekte Machtspiele zermürben die Partnerschaft.

Machen Sie die Probe aufs Exempel und beantworten Sie für Ihre Partnerschaft die folgenden Fragen:

- Fühlen Sie sich manchmal vom Partner eingeschränkt oder bevormundet?
- Wer lenkt bei Konflikten eher ein – Sie oder Ihr Partner?
- Wer setzt sich in wichtigen, die Beziehung betreffenden Punkten eher durch – Sie oder Ihr Partner?
- Was tun Sie, um in der Partnerschaft Ihren Willen durchzusetzen?
- Wer hat das Sagen in der Partnerschaft?
- Wer liebt den anderen mehr und ist damit mehr von ihm abhängig?

Immer die gleichen Themen: die häufigsten Gründe für Streit

Organisation des Alltags	46 %
Freizeitaktivitäten	27 %
Zeitmangel	25 %
Grundsätzlich unterschiedliche Ansichten	25 %
Geld	21 %
Häufigkeit und/oder Qualität von Sex	16 %
Freiheiten des Partners	15 %
Zu viel Zeit im Job	14 %

Quelle: Fokus 2006

Organisation des Alltags, Zeitmangel, Ansichten – bei diesen Themen geht es aber oft noch um etwas ganz anderes: um Anerkennung, Zuwendung, Aufmerksamkeit, Sicherheit, Geborgenheit und Unabhängigkeit. Und weil dem so ist, sind rein sachliche Lösungen oftmals gar nicht möglich. Paare müssen daher lernen herauszufinden, ob es vordringlich um sachliche Auseinandersetzungen geht, um Macht, Kränkungen oder den versteckten Wunsch nach mehr Anerkennung. Manch einem fällt es leichter, beispielsweise Geldforderungen zu stellen, als sich die Blöße zu geben, die eigene Bedürftigkeit preiszugeben.

Was für die Partnerschaft gefährlich ist

Ein weiteres Problem: Wenn Macht tabuisiert wird, nehmen sich Paare die Möglichkeit herauszufinden, welche Dynamiken und Machtspiele bei ihnen ablaufen und wie sie fair und kontrolliert mit dem Einfluss umgehen können, den jeder auf den anderen ausübt. Wer die Regeln nicht begreift, verharrt in der Rolle des Objekts und fühlt sich häufig missbraucht, fremdbestimmt, gegängelt und emotional ausgebeutet.

Am gefährlichsten für eine Partnerschaft sind zu große und einseitige Abhängigkeit vom Partner sowie die vielen heimlichen Machtspiele. Dazu zähle ich: ständiges Zuspätkommen, missachtete Versprechen, zerstörerisches Schweigen, heimliche »Buchführung«, Verschweigen von Schwächen, Verheimlichen von Informationen, sich öffentlich über den Partner lustig machen.

Andererseits gibt es auch positive Machtstrategien. Dazu zählen (W. Krüger 2006):

- Die Liebesoffensive
  Sie gehen offensiv auf Ihren Partner zu, schenken ihm Blumen, Anerkennung, umwerben ihn.
- Sich interessant machen
  Sie achten darauf, dass Sie für Ihren Partner attraktiv sind.
- Sich vorübergehend zurückziehen
  Ziehen Sie sich für eine begrenzte Zeit zurück. Für ihren Partner entsteht ein Liebesdefizit und er wird gerne auf Ihre Wünsche eingehen.

Wenn Sie mit dem Thema »Liebe und Macht » so Ihre liebe Mühe haben und daran gerne etwas verändern möchten, kann Ihnen möglicherweise die eine oder andere Handlungsanweisung weiterhelfen. Natürlich gibt es kein Patentrezept. Die aufgeführten Vorschläge haben jedoch eine gewisse Allgemeingültigkeit:

Machtprozesse sind normal
Machtprozesse sind in einer Partnerschaft normal, sie gehören zu einer lebendigen Partnerschaft dazu. Achten Sie vor allem auf die Machtkonstellationen, die von Anfang an die Beziehung prägen. Wer wirbt um wen? Wer liebt mehr? Wer geht auf wen ein? Wenn Ihr Partner noch an seine frühere Frau gebunden ist und sich von ihr noch nicht gelöst hat, kann dies von vornherein eine Schieflage ergeben. Wenn Sie einen Partner heiraten, der Kinder hat, heiraten Sie eine »Familie« und sind in der Minderheit.

Worum geht es wirklich?
Wenn es Auseinandersetzungen über das Geld gibt, stellt sich immer die Frage: Worum geht es wirklich? Geht es hier vordringlich um sachliche Probleme oder um Macht oder Kränkungen? Werden hier alte Gefühls-Rechnungen beglichen? Oder haben wir uns sonst nichts mehr zu sagen?

Keine Fouls
Wenn Sie sich durchsetzen wollen, dann bitte offen und nicht hintenherum oder indem Sie Fakten schaffen. Gestehen Sie auch dem Partner zu, dass er seine Interessen vertritt. Heimliche Machtspiele sind tabu. Bundesgenossen und Koalitionspartner untergraben ebenfalls die Beziehung. Wenn Machtmittel, dann bitte positive.

Bild von der Wippe
Stellen Sie sich die Beziehung als Wippe vor. Wippen macht nur dann Freude, wenn sich »oben« und »unten« ständig abwechseln. Sich durchzusetzen ist ebenso wichtig wie sich anzu-

schließen. Macht von oben führt zu Macht von unten und endet im »Schachmatt« (H. Jellouschek).

Bemühen Sie sich um Win-Win-Lösungen
Bemühen Sie sich um Lösungen, bei denen jeder so viel gewinnt, dass er ein Stück Verlust verkraften kann.

Gleicher Zugang zu Machtquellen fördert die Beziehung
Machtkämpfe hängen oftmals damit zusammen, dass beide ungleichen Zugang zu Machtquellen haben. Geld ist zum Beispiel eine wichtige Machtquelle. Andere Machtquellen sind die Kinder, Sexualität, gesellschaftliche Kontakte, Informationen. Werden diese alle eingesetzt, ist die eheliche Rüstungsspirale voll im Gang. Wer jedoch nur darauf bedacht ist, die eigene Position zu stärken, schwächt gleichzeitig die Liebe.

Empfehlung: Listen Sie die verschiedenen Machtquellen systematisch auf und diskutieren Sie darüber, ob Sie sich gegenseitig offenen Zugang dazu gewähren. Selbst wenn dies im Moment nicht möglich ist umzusetzen, entsteht durch die offene Kommunikation darüber ein Gefühl von Ebenbürtigkeit. Zur Bestandsaufnahme können Sie den Fragebogen zur Machtverteilung verwenden.

Die eigenen Machtspiele verstehen
Zu den anstrengendsten Formen einer Beziehung gehört die »Kampfehe«. Hier handelt es sich um eine Beziehung, in der beide Partner zwar gleich scheinen, aber ihr Stil ist stets herausfordernd und hoch konfliktträchtig. Oft haben beide Angst, vom anderen dominiert zu werden, und ihre Bemühungen, dies zu verhindern, machen sie misstrauisch und aggressiv. Sie kämpfen vielleicht um jede Entscheidung und haben große Probleme, gemeinsam zu handeln. Beide bringen oft eine Geschichte in ihre Beziehung ein, die Kompromisse schwierig macht. Möglicherweise haben beide erlebt, wie der gleichgeschlechtliche Elternteil, mit dem sie sich identifizierten, vom anderen Elternteil dominiert wurde; wie der Vater sich vor der ständigen Kritik der

Mutter sich depressiv zurückzog oder wie die Mutter vom Vater körperlich misshandelt wurde. Da beide Angst haben, das gleiche Schicksal zu erleiden, sind sie in ständiger, wachsamer Verteidigungshaltung befangen.

Manche Partner hatten Eltern, von denen sie als Kinder angegriffen und beherrscht wurden, und sie haben Angst, vom Partner ebenso behandelt zu werden. Bei dem Versuch, sich zu verteidigen, schüchtern sie sich gegenseitig ein.

Die Ursprungsfamilie ist immer dabei

Eine weitere Ursache kann darin liegen, dass diese Partner in ihren Herkunftsfamilien Rollen innehatten, die es ihnen selbst als Erwachsene erschweren, gemeinsame Entscheidungen zu treffen. Zwei älteste Kinder sind oftmals daran gewöhnt, Anführer zu sein und die Geschwister zu kontrollieren. Oder sie mussten sich um ihre alkoholabhängige Mutter kümmern und Entscheidungen allein treffen. So konnten sie nicht lernen, Kompromisse einzugehen und zu verhandeln. Kommt der Wunsch auf, Macht zu verhandeln, fühlen sie sich damit überfordert.

Um seinen eigenen Handlungsspielraum zu erweitern, muss man vom Partner unabhängiger werden. Es hat immer derjenige die Macht in der Beziehung, der notfalls auf den anderen verzichten kann.

Partner, die in einer ebenbürtigen Beziehung leben, weisen folgende Gemeinsamkeiten auf:

- Sie bewältigen Aufgaben häufig gemeinsam.
- Sie verbalisieren ihre berechtigten egoistischen Interessen.
- Sie können mit Interessenskonflikten konstruktiv umgehen.
- Sie nutzen eventuelle Machtvorteile aus Rücksicht auf den anderen nicht aus.
- Sie suchen nach einem gemeinsamen Nutzen und handeln spontan altruistisch zum Wohl des anderen.
- Sie beziehen Position und vertreten diesen mit Nachdruck.
- Sie schließen sich auch mal dem anderen an und überlassen ihm die Führung.
- Sie sind stark und schwach.

- Sie zeigen sich beide verletzlich und teilen gemeinsam Gefühle der Zärtlichkeit und Trauer.
- Sie sind auch zusammen stark und konfrontieren einander und vertreten ihre Standpunkte selbstbewusst gegeneinander.
- Sie haben beide etwa den gleichen Zugang zu den verfügbaren Machtquellen: Geld, familiäre Koalitionen, Beziehungen, Informationen, Status.
- Sie halten ihre sexuelle Beziehung frei von Machtspielen.

Fragebogen zur Einschätzung der Macht- und Arbeitsverteilung in der Familie

Einen Familienhaushalt zu führen macht eine Menge Arbeit: Es muss dafür gesorgt werden, dass alle gekleidet sind und genügend und zur richtigen Zeit zu essen haben, dass die Wohnung oder das Haus sauber ist und Ordnung herrscht usw. Wir möchten Ihnen hier einige Fragen darüber stellen, wie diese Dinge in Ihrer Familie erledigt werden. Viele der im Folgenden genannten Aufgaben werden gemeinsam erledigt; versuchen Sie, den prozentualen Anteil zu ermitteln. Die Spalte »Andere« ist wie folgt zu benützen:

1. Wenn keiner die Entscheidung trifft oder die Arbeit tut, schreiben Sie »niemand«.
2. Nennen Sie das Verhältnis zum Befragten, wenn es sich um jemand anderen als er selbst, den Ehepartner oder die Kinder handelt.
3. Schreiben Sie »NZ« (nicht zutreffend), wenn die Frage für die Familie gegenstandslos ist.

Arbeitsteilung und Entscheidungsgewalt	Ich selbst	Ehe-partner	Kinder	Andere
1. Wer kauft neue Möbel oder Gebrauchsgegenstände? Wer bestimmt, wann neue Möbel oder Gebrauchsgegenstände gekauft werden müssen?				
2. Wer bestraft die Kinder? Wer bestimmt, wann die Kinder eine Strafe benötigen?				
3. Wer bereitet die Mahlzeiten zu? Wer bestimmt, was es zum Mittagessen gibt?				
4. Wer macht die Lebensmitteleinkäufe? Wer bestimmt, wie viel die Familie für Lebensmittel ausgeben darf?				
5. Wer macht Reparaturen im Haushalt? Wer bestimmt, wann irgendetwas im Haushalt instand gesetzt werden muss?				
6. Wer bezahlt die Rechnungen? Wer bestimmt, welche Rechnungen bezahlt werden müssen?				
7. Wer sorgt dafür, dass die Kinder schlafen gehen? Wer bestimmt, wann die Kinder schlafen gehen müssen?				
8. Wer erledigt das Reinemachen? Wer bestimmt, welche Hausarbeiten die verschiedenen Familienmitglieder ausführen sollten?				
9. Wer kümmert sich um die Kinder, wenn sie trostbedürftig sind? Wer bestimmt, wann sie stark genug verzweifelt sind, dass sie Trost brauchen?				
10. Wer kümmert sich um den Urlaub? Wer bestimmt, wann und wo Urlaub gemacht wird?				
11. Wer bestimmt Ihre Aufgaben und Arbeitseinteilung?				
12. Wer bestimmt die Aufgaben und Arbeitseinteilung Ihres Partners?				

13. Wie befriedigend ist für Sie die Art, wie in Ihrer Familie Entscheidungen getroffen werden?

☐ Sehr befriedigend
☐ Befriedigend
☐ Nicht befriedigend
☐ Sehr unbefriedigend

---

14. Falls Sie nicht zufrieden sind: Wie möchten Sie, dass die Entscheidungen getroffen werden?

____

____

---

15. Wie befriedigend ist für Sie die Art, wie in Ihrer Familie Pflichten (Reinemachen, Einkaufen, Kindererziehung) verteilt sind?

☐ Sehr befriedigend
☐ Befriedigend
☐ Nicht befriedigend
☐ Sehr unbefriedigend

---

16. Falls Sie unzufrieden sind: Was für eine Aufgabenteilung in der Familie möchten Sie haben?

____

____

---

17. Wer hat in Ihrer Familie im Allgemeinen das letzte Wort bei wichtigen Entscheidungen?

____

Quelle: K. Coulborn-Faller 1979

11. Lust und Frust

Sexualität ist Ausdruck körperlicher Intimität und damit ein Teil dessen, was eine vollständige Liebesbeziehung ausmacht. Doch wer kennt das nicht: Am Anfang ist die Lust auf den Partner allgegenwärtig. Doch bereits nach wenigen Jahren herrscht Verkehrsberuhigung. Zahlen hierzu sind mit Vorsicht zu genießen, weil bei Sexumfragen selten die Wahrheit gesagt wird. Man kann jedoch davon ausgehen, dass bei zwei Dritteln der Paare mindestens einer der Partner mit seinem Sexualleben unzufrieden ist.

Viele stehen dabei vor einem Rätsel: Sie verstehen sich, lieben sich, nur sexuell klappt es nicht mehr.

Dass Häufigkeit und Leidenschaft der Sexualität mit der Dauer einer Partnerschaft zurückgehen, ist einhellig belegt. So geht die Häufigkeit – und oft auch die Intensität – des sexuellen Verkehrs nach dem ersten Jahr deutlich zurück. Ebenfalls hinreichend belegt ist, dass Sexualität von Mann und Frau unterschiedlich erlebt wird, dass es daneben jedoch auch viele Gemeinsamkeiten gibt. Während zu Beginn der Beziehung Männer und Frauen etwa gleich häufig Zärtlichkeit und Sex wollen, kommt es nach einigen Jahren zu einer Polarisierung: Die Männer wollen vor allem Sex, die Frauen Zärtlichkeit. In vielen Fällen entwickelt sich das Sexualleben nach dem Motto: Männer reden mit Frauen, um mit ihnen zu schlafen, Frauen schlafen mit Männern, um mit ihnen zu reden. Im schlechteren Fall entfremden sich die Partner körperlich und geraten in einen negativen Teufelskreis zunehmender Polarisierung und Abhängigkeit.

Lustverlust und Verkehrsberuhigung in dauerhaften Liebesbeziehungen ist zum Massenphänomen geworden. Das passende Kürzel dafür heißt: Low Sexual Desire (LSD), auf gut Deutsch: »geringes sexuelles Interesse«.

Über die Ursachen sexueller Lustlosigkeit besteht heute weitgehend Einigkeit. Dazu zählen:

Warum die Lust ausbleibt

- Zu viel Harmonie
  Vor allem das Streben nach Harmonie verdrängt die für die sexuelle Anziehung notwendige Spannung. Wer Konflikte nicht unterdrückt und mal streitet, hat mehr Lust.
- Lust aus zweiter Hand
  Auf der Kinoleinwand tobt die Wollust, und Sex-News-Gruppen tauschen sich in Datennetzen über sexuelle Details aus. Angeblich wollen 37 Prozent der französischen PC-Besitzer lieber eine Stunde am Computer als ein Schäferstündchen mit der Partnerin verbringen. (Fokus 42/1995)
- Selbstbewusste Partnerin
  Viele Männer fühlen sich überfordert von Frauen, die Sex

wirklich genießen wollen. Aus Angst, dabei die Kontrolle zu verlieren, verweigern sie Sex, um wieder die alten Machtverhältnisse herzustellen. Der Berliner Sexualpsychologe Konrad Sprai ermittelte in einer bundesweiten Untersuchung, dass 68 % der Männer lieber nicht mit einer selbstbewussten Frau zusammenleben wollten. Sein Fazit: Die gängige Liebesbeziehung endet für die Frau überwiegend in einer lustfeindlichen, lieblosen Versorgungsgemeinschaft mit dem Erzeuger ihrer Kinder.

- Sex als Leistungsakt
  Erregen, küssen, ausziehen, dann bei der Sache bleiben, Orgasmus, Amen, jetzt haben wir's geschafft – das ist die typische Leistungsschleife im Kopf vieler männlicher Partner. Daraus resultiert eine völlige Orgasmusorientierung. Diesem hausgemachten Erwartungsdruck kann auf Dauer niemand gerecht werden.
- Sex als Pflichtpflegehandlung
  Das Pendant zum leistungsorientierten Mann ist die Frau, die ihre sexuelle Erfüllung darin findet, den Wünschen des Mannes nachzukommen – ähnlich ihrer Rolle als Kind.
- Idealvorstellungen.
  Je höher die Erwartungen, desto mickriger fällt das Erreichte oder Mögliche aus, desto größer die sexuelle Lustlosigkeit. Leider sind bei den meisten Menschen die Erwartungen höher als die eigenen sexuellen Leistungen oder die des Partners – was allerdings kein Wunder ist angesichts der allzeit stattfindenden Umzingelung mit perfektem Sex. Es gibt kaum etwas Destruktiveres als solche Idealvorstellungen.
- Gewöhnung aneinander
  Partner, die wie selbstverständlich nebeneinander herleben, die sich wie gute, vertraute Freunde behandeln und den anderen nicht mehr als eigenständiges Wesen oder selbst ihre Eigenständigkeit dem gemeinsamen Leben geopfert haben, können einander wohl kaum mehr begehren. Die nötige Fremdheit und Distanz ist nicht mehr vorhanden.

- Negative Stress

Warum sich Sex und negativer Stress ausschließen, haben Mediziner und Biologen entschlüsselt: Stress aktiviert über das sympathische Nervensystem sämtliche Flucht- und Kampfimpulse in uns. Die Nebennieren produzieren sofort Stresshormone. Dadurch geht unser Atem schneller, die Blutgefäße verengen sich, Zucker- und Fettvorräte werden aufgebraucht, Muskeln und Gehirn besonders gut mit Blut versorgt. Dagegen reduziert der Körper die Verdauung und die Tätigkeit der Fortpflanzungsorgane.

Der Verhaltens- und Neuroforscher Robert Sapolsky stellt folgenden Vergleich an, um dieses evolutionsbiologisch klug ausgedachte Verhalten zu verdeutlichen: »Stellen Sie sich ein Zebra vor, das von einem Löwen verfolgt wird. Es wird jetzt keinen Gedanken an eine Paarung verschwenden.« Um Lust zu bekommen, muss das parasympathische Nervensystem aktiviert werden. Es erhöht den Blutfluss in den Genitalien, macht uns entspannt und sinnlich, also genau so, wie wir uns unter Stress nie fühlen. Erotische Fantasien, Begehren wecken, Verführung – das braucht Zeit und Entspannung. Läuft allerdings das sympathische Nervensystem bei Stressbelastungen auf vollen Touren, ist es schwer, seinen Gegenspieler – das parasympathische System – zum Zuge kommen zu lassen.

- Positiver Stress

Er wirkt dagegen unter Umständen äußerst aphrodisisch. Wer objektiv zwar gestresst ist, aber subjektiv damit gut umgehen kann und sich nicht psychisch belastet fühlt, merkt nichts vom Lustkiller Stress.

Zahlreiche Studien belegen, dass sich ein erfülltes Sexualleben positiv auswirkt: Das Immunsystem wird gestärkt, und sexuell aktive Paare kommen auch besser mit Stress zurecht. Beim Geschlechtsverkehr oder anderen taktilen Stimulationen wird das Hormon Oxitozin ausgeschüttet, das, wie man heute vermutet, eine Rolle bei Bindungsgefühlen spielt. Oxitozin galt lange ausschließlich als Geburts- und Stillhormon –

ein biochemischer Mechanismus, der zusätzlich bewirkt, dass sich Mütter an ihre Säuglinge binden.

Inzwischen ist man sich ziemlich sicher, dass dieses Hormon angsthemmend und beruhigend wirkt und als eine Art körpereigener Gegenspieler zur Untreue firmiert. Oxitozin ist eine chemische Grundlage dafür, das Bindungen aufgebaut und erhalten werden. Sie hat eine Art physiologische Starterfunktion, die immer wieder neu durch taktile Stimulierung freigesetzt werden muss. Den Hauptteil der Bindung macht letztlich jedoch der tägliche social support, das Füreinander, aus.

Test – Fragen zum Thema Sexualität

1. Ist Sexualität ein Problem in Ihrer Beziehung?
2. Wann hatten Sie zum letzten Mal guten Sex?
3. Was fällt Ihnen zu Ihrer eigenen Sexualität ein?
4. Was wissen Sie über die Sexualität Ihres Partners?
5. Sehen Sie Ihren Partner noch in einer anderen Rolle denn als Vater oder Mutter Ihrer Kinder?
6. Hat sich in Ihrer Beziehung die Balance zwischen Vertrautheit und Fremdheit zu sehr in Richtung Vertrautheit verschoben?
7. Gibt es noch andere Lustkiller?
8. Können Sie miteinander über Sex sprechen?
9. Was sind Ihre eigenen drei größten sexuellen Wünsche und die vermutlichen drei größten sexuellen Wünsche Ihres Partners?
10. Was wäre für Sie ein ideales sexuelles Erleben ohne Rücksicht auf Ihren Partner oder auf Sitte und Anstand?
11. Können Sie zu Ihrem Partner »Das will ich nicht« oder »So will ich es nicht« sagen?
12. Können Sie zu Ihrem Partner »Das will ich« sagen und »Ich will es mit dir«?

Viele Paare fragen sich angesichts der vielen Lustkiller zu Recht, ob andauernde sexuelle Lust auch über die Dauer einer Beziehung möglich ist. Die gute Nachricht: Es ist möglich: Die schlechte ist: Sie und Ihr Partner müssen dafür mit einigen Illusionen aufräumen und wieder zu einer gewissen Unsicherheit und Fremdheit zurückfinden.

Wie ist das möglich? Dazu möchte ich Ihnen aus meiner langjährigen therapeutischen Erfahrung einige Vorschläge unterbreiten.

Besteht ein Problem?
Sexuelles Desinteresse muss kein Alarmsignal sein. Manche Menschen interessiert Sex einfach so. Und für viele werden im Lauf der Beziehung einfach andere Lebensthemen wichtiger. Wenn dies auf Sie zutrifft, sollten Sie sich kein Problem einreden.

Ausräumen von Streitigkeiten
Oft genug müssen erst einmal die Streitigkeiten geklärt werden, die den Zugang zur sexuellen Thematik verbauen. Grundsätzlich glaube ich, dass sexuelle Lustlosigkeit oft durch Kränkungen, Wut, Dominanzverhalten oder Ähnliches verursacht wird und nicht immer mit der Sexualität selbst zu tun hat. Das jeweilige Problem wird dann nur sexuell ausgetragen.

Sich von Illusionen verabschieden
Die weit verbreitete Ansicht vieler Paare ist die, dass die Qualität der Beziehung und des sexuellen Erlebens Hand in Hand geht: »bessere Beziehung = besserer Sex«. Dem ist nicht so: Guter Sex und eine gute Beziehung haben nichts miteinander zu tun. Das sexuelle Begehren folgt einer ganz anderen Logik als die Partnerliebe. Diese zielt auf Zuverlässigkeit, Vertrauen, Berechenbarkeit und Eindeutigkeit. Sexuelles Begehren ist dagegen spontaner, unberechenbarer und uneindeutiger (U. Clement 2006).

Über Sexualität sprechen
Viele Paare haben noch immer große Probleme, offen über ihr sexuelles Erleben zu sprechen. Über Sexualität zu sprechen ist ein wichtiger Schritt, um grobe Erwartungsirrtümer und Missverständnisse zu korrigieren. Zeit und Ort spielen dabei eine wichtige Rolle:

- Keine Gespräche über das Liebesleben im Bett.
- Nachts um zwölf Intimstes zu besprechen ist für die meisten eine Qual.
- Sehnsüchte werden oft in Vorwürfe verpackt. Sagen Sie Ihrem Partner, was Sie genießen, so weiß er, was Sie möchten.

Wandel akzeptieren

In langjährigen Beziehungen verändert die Sexualität ihre Bedeutung. Während frisch Verliebte häufig Sex haben, weil sie ihre Bindung aneinander erst aufbauen müssen und die Beziehung durch häufigen Sex stärken können, haben langjährige Paare dieses Problem nicht mehr. Ihre Entscheidung füreinander ist gefallen, sie fühlen sich sicher in ihrer Beziehung und dokumentieren einander ihre Bindung durch viele andere Verhaltensweisen und Rituale. Je länger ein Paar zusammen ist, desto weniger ist es daher auf Sex als Bindemittel angewiesen, über das es das Gefühl von Zugehörigkeit erlebt. Dies kann man bedauern. Andererseits macht dies die Sexualität auch freier; man kann um der Lust willen miteinander ins Bett gehen. Schwindet die sexuelle Anziehung des Anfangs durch die ihr folgende Vertrautheit, gibt es nur zwei Möglichkeiten: Entweder man pflegt die Anziehung, indem man seine Bedürfnisse mitteilt, oder man bleibt stumm und lässt sie so verkümmern.

Egoistischer werden

Hier geht es darum, nach dem zu verlangen, was man sich einfach nur wünscht. Guter Sex bedeutet nicht, dass beide immer hundertprozentig dasselbe wollen. Sex kann für beide befriedigender werden, wenn mal der eine, mal der andere bestimmt, wo's langgeht, statt sich immer nur halbherzig in der Mitte zu treffen. Statt zu fragen »wie oft ist genug?« geht es doch nur um eins: Erlebe ich die Sexualität, die ich möchte? Statt Quantität ist Qualität gefragt.

Spielen
Eine Möglichkeit, wie man gefahrlos die Lähmung durchbrechen kann, ist das Spiel. Möglichkeiten, mit Erotik und Sexualität spielerisch umzugehen, gibt es viele: Verabredungen im Hotel, getrennt in den Urlaub anreisen, Rollenspiele, sich in unerprobte Situationen begeben, erotische Aufträge, die man einander abwechselnd erteilt. Auf das Spiel müssen sich beide einlassen. Und: Wenn's blöd war – gemeinsam darüber lachen.

Planen
Viele Paare machen den Fehler zu glauben, dass sich sexuelle Lust von selbst ergibt. Das gilt vielleicht für junge Beziehungen. In länger dauernden Beziehungen muss man sich entscheiden, sexuell aktiv zu werden. Sex zu planen heißt, das Gewünschte passieren zu lassen. Der schlichte, aber einfache Rat: konkrete Verabredungen zum Sex treffen, Abende explizit dafür freihalten. Die Lust kommt dann schon.

Fremdheit erzeugen
Die Überzeugung, der viele Paare folgen, man kenne sich in- und auswendig, dient mitnichten der Entwicklung sexuellen Begehrens, da sie weder Neugier noch Aufmerksamkeit hervorruft. Tatsächlich wissen wir weniger, als wir glauben. Wir sehen, was wir wollen oder akzeptieren können. Oder wir vernachlässigen unsere Eigenständigkeit und Unterschiedlichkeit. Erst wenn die Partner ihre Unterschiedlichkeit wahrnehmen, bleiben sie sich fremd genug, um sich davon angezogen zu fühlen. Einander neu sehen zu lernen und die dabei entdeckten Fremdheiten zu akzeptieren, ist mit das Schwierigste, was ein Paar schaffen kann.

Wollen und Nichtwollen
Verändern Sie Ihre defensive sexuelle Einstellung vom »Müssen« oder »Sollen«, vom »Können« oder »Nichtkönnen« zum »Wollen« und »Nichtwollen«: »Das will ich, und ich will es mit dir.« Der andere kann entscheiden, ob das, was der Partner ihm anbietet, mit seiner Sexualwelt etwas zu tun hat und er die Ein-

ladung annimmt. Selbst wenn er ablehnt und sagt, »das will ich nicht« oder »ich will es so«, sind Sie damit auf einem besseren Weg angelangt.

Das Spannungsverhältnis zwischen sexueller Liebe und partnerschaftlicher Liebe lässt sich nicht aus der Welt räumen, und für deren konflikthaftes Verhältnis gibt es meiner Meinung nach keine klare und überzeugende Lösung. Daher besteht bei jedem Paar um dieses Dilemma eine offene oder latente Spannung. Auch wenn die sexuelle Liebe die Partnerliebe mit ihrer Sprengkraft bedroht, sorgt sie doch andererseits dafür, dass die Liebesbeziehung insgesamt nicht zu sehr zu allzu viel Vertrautheit, Nähe und Harmonie tendiert, was nicht nur die sexuelle Spannung aufhebt, sondern ganz allgemein die Dynamik der Partnerschaft.

12. Gehen oder bleiben?

Alltagsstress und Routine kratzen an der Liebe. Dazu kommen die unausweichlichen Enttäuschungen und Verletzungen. Der Partner scheint einen mehr zu blockieren, als dass er einem guttut. Es kommt zu einem negativen Zwangsprozess: Kritik, Vorwürfe, Liebesentzug und Distanz sollen den Partner ändern, doch dieser wehrt sich mit Gegenvorwürfen und schottet sich ab.

Es gibt wohl keine Partnerschaft, in der der Gedanke an eine Trennung nicht hin und wieder auftauchen würde. Solche Trennungsfantasien tauchen vermehrt bei Paaren auf, die schon eine längere Zeit zusammenleben. Selbst in guten Beziehungen ist der Gedanke an eine Trennung keine Seltenheit.

Dabei geht es oftmals gar nicht um eine Trennung, sondern um den verständlichen und normalen Wunsch nach einer Veränderung oder einem Kurswechsel. Oder es stört einen jetzt das am anderen, was man zunächst anziehend an ihm fand. Oder man steckt in zermürbenden Auseinandersetzungen und wünscht sich lieber ein Ende mit Schrecken als einen Schrecken ohne Ende.

Trennungsfantasien

Solche Gedanken und Fantasien bedeuten noch lange nicht, dass man wirklich gehen will. Sie können jedoch eine Eigendynamik entfalten, die zur Folge hat, dass einer der Partner durch diese Gedanken so durcheinandergerät, dass er schließlich nicht mehr weiß, ob er bleiben oder gehen soll. Eine andere Konsequenz: Die Trennung wird mehr und mehr herbeigeredet oder es wird mit ihr gedroht.

Damit will ich nicht sagen, dass Trennungsfantasien unterdrückt werden sollen. Ich plädiere jedoch dafür, dass mit ihnen nicht leichtfertig umgegangen wird und dass sie in keiner Weise als Druckmittel eingesetzt werden.

Die Psychologin Insa Fooken befragte 125 spät geschiedene Frauen und Männer nach den Gründen, die zum Entschluss führten, sich nach über 20 Ehejahren scheiden zu lassen. Dabei fand sie drei typische Erklärungsmuster:

Unerwarteter Konsensbruch
Vor allem die Männer sprachen von einer bis dahin ungetrübten, einvernehmlichen Beziehung und erklärten, dass sie aus allen Wolken fielen, als ihre Frauen von Trennung sprachen.

Trügerischer Konsens
Die ehemaligen Partner sagten, sie seien viele Jahre einer Illusion von Gemeinsamkeit aufgesessen. Unverträglichkeiten und Unvereinbarkeiten mit dem Ehepartner wollte man nicht wahrhaben und irgendwann sei es zu spät gewesen, sich darüber auszusprechen.

Dissens von Anfang an
Schon zu Beginn der Ehe habe es Unstimmigkeiten und merkliche Beziehungsschwierigkeiten gegeben. Es sei nicht möglich gewesen, über eigene Probleme mit dem Partner zu reden und Konflikte seien verdrängt worden. Mit Rücksicht auf die Kinder und die Herkunftsfamilien habe man sich zu einer früheren Scheidung nicht durchringen können.

Die von den geschiedenen Männern und Frauen vorgebrachten Gründe für ihre Scheidung machen deutlich, wie wichtig das Gespräch der Partner ist. Verdrängen, Schweigen und Harmoniestreben beschwören die Gefahr einer Trennung herauf: Es sind also oft nicht die Probleme selber, die zur Trennung führen, sondern das emotionale Auseinanderdriften der Partner und der Verlust an Nähe.

Nicht vor vollendete Tatsachen stellen

Wen regelmäßig Trennungsgedanken beschäftigen, der tut gut daran, diesen Gedanken ernst zu nehmen und ihn fairerweise dem Partner mitzuteilen. Damit nimmt er die Beziehung ernst. In der Praxis habe ich immer wieder Paare erlebt, wo der Partner, der sich trennte, den anderen vor vollendete Tatsachen gestellt hat. Dieser muss dann nicht nur mit der Trennung fertig werden, sondern auch damit, von einem sich meist länger hinziehenden Prozess komplett ausgeschlossen worden zu sein. Wie soll dies je wieder in Ordnung gebracht werden können?

Die meisten Paare, die sich mit Trennungsabsichten tragen, befinden sich in der sogenannten Ambivalenzphase. Damit ist die Entscheidung über eine Trennung noch offen. Meist gehen die Trennungsgedanken von einem der Partner aus und der andere wehrt sich dagegen. So kommt es zu einer Polarisierung, in der sich beide immer mehr auf ihre Position fixieren.

Stationen der Ambivalenzphase sind:

- Geheime Unzufriedenheit
- Offenlegung der Unzufriedenheit
- Änderungsversuche
- Scheitern
- Zementierung der negativen Wahrnehmung des Partners und Resignation
- Trennungsgedanken werden mit Außenstehenden besprochen
- Soziale Distanzierung
- Übergangspersonen
- Festhalten an der Partnerschaft
- Direkte Konfrontation
- Rettungsversuche

Ambivalenz wird meist wie folgt erlebt: Soll ich das Gewohnte und Angenehme aufgeben, weil mein Partner mit mir zu wenig redet oder wir zusammen zu wenig unternehmen? Bin ich zu anspruchsvoll? Kann ich ihm nicht einiges nachsehen und verzeihen? Müsste ich nicht großzügiger sein? Werfe ich die Flinte nicht zu früh ins Korn? Wird es mir mit einem neuen Partner wirklich besser gehen? Jetzt weiß ich, was ich habe! Und schließlich die Frage aller Fragen: Lieben wir uns noch oder nicht? Haben wir uns jemals geliebt?

Viele Paare machen dabei eine Achterbahn von Gefühlen und Entscheidungen durch: Mal scheint die Entscheidung zu gehen schon getroffen und die Gründe glasklar auf dem Tisch zu liegen, doch schon wenig später kommen Zweifel auf. Bekannte und Freunde spalten sich ebenfalls in zwei Lager: Die einen raten zur Fortsetzung der Beziehung, die anderen zur Trennung. Das einzig Sichere in dieser ganzen Unsicherheit ist: Die bisherige Selbstverständlichkeit der Beziehung existiert nicht mehr und die Identifikation mit der Partnerschaft hat einen merklichen Riss erhalten. Der Verlust der Identifikation mit der Partnerschaft ist einer von drei entscheidenden Gründen, der die Liebe zwischen den Partnern zerstört. Kommt dann noch hinzu, dass man in der Fortsetzung der Partnerschaft keinen Sinn und keine Entwicklung mehr sieht, und bietet sich dann noch eine bessere Alternative an, bedeutet dies das endgültige »Aus« für die Liebe.

Wie können Paare mit einer solchen Situation klarkommen? Ein Patentrezept hierfür gibt es nicht. Sie können jedoch folgende Schritte gehen:

Ehrlichkeit zu sich und seinem Partner

Entscheidungshilfen

Machen Sie sich klar, wie weit die Trennung gedanklich und äußerlich vorbereitet ist. Habe ich mit meinem Partner bereits über meine Trennungsfantasien gesprochen? Wie oft beschäftigt mich dieses Thema? Spreche ich mit Dritten darüber? Treten wir noch gemeinsam als Paar auf? Habe ich mich schon nach einer neuen Wohnung umgesehen oder einen Anwalt konsultiert?

Wovon will ich mich trennen?
Versuchen Sie sich weiter Klarheit darüber zu verschaffen, wovon Sie sich trennen wollen: von Ihrem Partner oder von einem unerträglichen Zustand der Beziehung. Vielleicht kommen Sie dann zu dem Ergebnis, dass die Trennung vom derzeitigen Zustand der Beziehung notwendig ist, die Trennung vom Partner nicht, sofern sie miteinander rechtzeitig Hilfe suchen. Paare, die an Trennung denken, sind sich oft viel zu nahe, sodass der eigentliche Entwicklungsschritt nicht in einer Trennung, sondern in einer größeren Distanzierung besteht.

Sich von Trennendem zu trennen, hat auch mit Abschied und Trauer zu tun: Vielleicht muss man sich von unwirksamen Lösungsmustern trennen, von Illusionen über die Veränderbarkeit des Partners und von lieb gewonnenen Ansichten über den anderen. Und oft geht es auch darum zu lernen, besser für sich selbst zu sorgen.

Ängste und Abwehrmaßnahmen anschauen
Sich trennen wollen kann auch den Sinn haben, anstehende Entwicklungsschritte zu vermeiden und mit einer anderen Beziehung wieder »von vorne« anzufangen. In so einem Fall könnte ich mich fragen, warum es mir so schwerfällt, auf die Vorwürfe meines Partners einzugehen? Welchen persönlichen Entwicklungsschritt vermeide ich dadurch? Warum definiere ich mich so oft über ihn? Welche Ängste sind damit verknüpft, wenn ich mich in unserer Beziehung unabhängiger gebe? Welche eigenen Bedürfnisse habe ich? Wäre eine größere innere Unabhängigkeit nicht auch wünschenswert? Was vermeide ich durch eine Trennung zum jetzigen Zeitpunkt?

Ausführlicher Beziehungs-Check
Wer seine Trennungsgedanken ernst nimmt, der muss genau prüfen, was ihn immer noch an die Beziehung bindet und welche Kräfte ihn aus der Beziehung hinaustreiben. Doch nichts ist schwerer als das. Und oftmals ist es kein rationaler Prozess, an dessen Ende eine logische Entscheidung steht. Meine Erfahrung:

Allein mit Pro- und Kontraargumenten eine Entscheidung herbeizuführen wird nicht funktionieren. Unser Gedächtnis liefert uns nämlich keine neutralen Daten. Was früher gut und schön war, wird durch die negative Einstellung und problembeladene Gegenwart verzerrt. Dies geht oft so weit, dass die ganze gemeinsame Geschichte uminterpretiert wird und man sich fragt, ob man sich jemals wirklich geliebt hat. Mithilfe der nachfolgenden Fragen können Sie einen umfangreichen Beziehungs-Check machen. Je mehr dieser Fragen positiv beantwortet werden können, umso mehr lohnt es sich, sich trotz Ihrer ambivalenten Gefühle auf Ihre Beziehung neu einzulassen. Je mehr dieser Fragen negativ beantwortet werden müssen, desto brüchiger ist das Fundament, auf dem sich Ihre Beziehung bewegt.

Beziehungs-Check **Test**

- *Engagement*
  Sie haben immer noch das Gefühl, dass sich Ihr Partner für Ihre Beziehung einsetzt und wie selbstverständlich davon ausgeht, dass Ihre Beziehung auf Dauer angelegt ist. Er hält auch Zusagen und Versprechen ein. Mangelndes Engagement zeigt sich zum Beispiel darin, dass Ihr Partner Entscheidungen ohne Sie trifft, Alleingänge in wichtigen Fragen macht und häufig von Trennung spricht.
- *Loyalität*
  Sie können sich darauf verlassen, dass Ihr Partner nicht ständig sexuell untreu ist und auch nicht längst ein zweites Leben aufgebaut hat und nur noch auf den Absprung wartet. Ihr Partner verhält sich in Anwesenheit von Dritten loyal zu Ihnen: Er redet nicht schlecht über Sie und zeigt sich mit Ihnen solidarisch, wenn Sie jemand angreift. Loyalität schafft Vertrauen: Ich kann mich auf dich verlassen.
- *Angst*
  Sie können sagen, was Sie denken und fühlen, eigenen Interessen nachgehen und Freunde und Bekannte treffen. Wenn all das in

Ihrer Partnerschaft möglich ist, ohne dass Sie von Ihrem Partner bestraft werden, dann haben Sie keine Angst vor ihm und Ihre Beziehung ist ein Ort der Sicherheit und der persönlichen Freiheit.

- *Einflussnahme*
  Ihr Partner lässt sich von Ihnen beeinflussen. Er schätzt Ihre Meinung und holt sich Rat und Unterstützung bei Ihnen. Er muss nicht immer der Bessere sein, der alles richtig macht und alles besser weiß. Sie treffen wichtige Entscheidungen gemeinsam. Ihre kritischen Äußerungen prallen nicht einfach an ihm ab.
- *Respekt und Achtung*
  Fühlen Sie sich von Ihrem Partner respektvoll behandelt oder fühlen Sie sich gedemütigt? Achtet er Sie als Person? Versucht Ihr Partner, Sie zu erziehen, trifft er für Sie Entscheidungen, wertet er Eigenschaften von Ihnen ab, macht er sich lächerlich oder provoziert er Sie vor Dritten?
- *Gemeinsamkeit*
  Verbringen Sie noch gerne Zeit miteinander, pflegen Sie Ihre gemeinsamen Interessen und freuen Sie sich darauf, Dinge gemeinsam zu unternehmen. Oder geht jeder nur noch seinen eigenen Interessen nach und lehnt ein gemeinsames Auftreten als Paar ab. Treffen Sie noch gemeinsame Entscheidungen und planen Sie zusammen?
- *Lebensentwurf*
  Sie sind sich einig darüber, worum es im Leben geht. Ihre Werte stimmen in wichtigen Bereichen überein oder widersprechen sich nicht zu stark. Seine persönliche Lebensplanung widerspricht nicht komplett der Ihrigen. Ihr Partner ist verhandlungsfähig und hält auch Ambivalenzen aus.
- *Humor*
  Lachen und scherzen Sie noch miteinander? Oder ist Ihnen das Lachen vergangen? Humor schafft eine gesunde Distanz und hilft kleine Ärgernisse und Auseinandersetzungen zu entschärfen. Humor ist zudem ein Ausdruck von Zuneigung.

- *Körperkontakt*
  Können Sie einander noch riechen und anfassen? Tut es Ihnen gut, von Ihrem Partner berührt und angeschaut zu werden, oder möchten Sie sich am liebsten wegdrehen? Haben Sie noch Sex und Ihren Spaß dabei.

Quelle: U. Nuber 2005, O. Holzberg 2006, modifiziert R. Weber

Je mehr Antworten von Ihnen negativ ausfallen, desto wackeliger ist das Fundament, auf dem sich Ihre Partnerschaft bewegt. Ihre Beziehung befindet sich somit in einer ernsthaften Krise, und Ihre gemeinsame Zukunft ist fraglich. Ihre Trennungsfantasien sind daher mehr als verständlich. Dennoch sollten Sie sich zuvor folgende, sehr wichtige Frage stellen. Diese lautet: Was habe ich und was haben wir bislang unternommen, um wieder auf Kurs zu kommen? Ich erlebe sehr oft, dass sich Paare zu schnell trennen, ohne den Sinn ihrer Krise verstanden und alle Möglichkeiten ausgeschöpft zu haben. Solange Sie also nicht alles unternommen haben, um Ihre Beziehung zu retten, und solange noch bei Ihnen beiden die Bereitschaft vorhanden ist, nach Lösungen zu suchen, sollten Sie die Flinte nicht ins Korn werfen.

Wenn Sie jedoch die obige Frage mit Nein beantworten, gibt es keinen anderen und erst recht keinen besseren Weg, als sich zu trennen. Denn nichts schränkt die persönliche Entwicklung stärker ein und nichts verunsichert sie stärker als eine destruktive Liebesbeziehung.

Aber auch die umgekehrte Wahrheit stimmt: Nichts stimuliert die persönliche Entwicklung stärker als eine konstruktive Liebesbeziehung. Wenn Sie die obige Frage mit einem »Ja« beantwortet haben, können Sie darangehen, wieder einen Boden zu schaffen, auf dem Ihre Liebe wachsen kann. Welche Möglichkeiten Ihnen hierfür zur Verfügung stehen, werde ich im nächsten Kapitel behandeln.

Wenn Sie sich trotz vieler »Nein« schon mehrfach ohne Erfolg zu trennen versucht haben, stecken Sie vermutlich in einer »Komm-her-geh-weg«-Beziehung, die Sie mit unsichtbaren Fesseln unglücklich an Ihren Partner bindet. Diese kann folgende Ursachen haben (D. Stiemerling 2006):

- Unsichere Bindung als Kind
- Mangelnde Bewältigung normaler kindlicher Trennungsschritte
- Starkes Anklammerungsbedürfnis
- Seelische Defizite, die dazu führen, dass Sie den Partner zu sehr als Hilfs-Ich benötigen
- Konservativer Charakter
- Fehlende Gefühlsgewissheit und daraus sich ergebende Orientierungkonflikte
- Schuldgefühlsbindung
- Loyalitäts- und Treuebindung an den Partner
- Angstbindung
- Hassbindung
- Unerledigtes und unrealistische Hoffnungen

Was können Sie in einem solchen Fall selber tun?

1. Zunächst sollten Sie sich vor allen Dingen die Tatsache, dass Sie sich aus einer destruktiven Liebesbeziehung bislang nicht trennen konnten, nicht auch noch vorwerfen. Bestimmte Eigenschaften und Charakterhaltungen sind das Ergebnis einer schon in frühen Kinderzeiten eingeleiteten Entwicklung, die Sie nicht zu verantworten haben. Versuchen Sie lieber zu verstehen, was die Gründe für Ihr Festhalten an Ihrer Beziehung sind. Hierfür können Sie sich an obiger Liste orientieren.

Auf eigenen Beinen stehen

2. Suchen Sie sich Verbündete in Form guter Nachbarn, Freunde oder Verwandte oder einer Selbsthilfegruppe. Verschaffen Sie sich ein zweites Standbein neben Ihrer Partnerschaft. Sie müssen sich ablenken können und etwas Eigenes besitzen, das Ihnen echte Befriedigung verschafft.

3. Eine gute Möglichkeit, die große Angst vor einer Trennung zu dämpfen, stellt eine Trennung in kleinen Schritten dar. Übernachten Sie hin und wieder bei Ihrer besten Freundin, nehmen Sie ein Stellenangebot in einer anderen Stadt an oder mieten Sie in einer Wohngemeinschaft ein günstiges Zimmer, um immer wieder Beziehungspausen einlegen zu können.

III. Liebe lässt wachsen

1. Paarkrisen

Beziehungskrisen stiften vorübergehend Chaos und bringen das eingespielte Gleichgewicht zwischen zwei Partnern erheblich durcheinander. Das ist für alle Beteiligten bisweilen sehr ängstigend und verwirrend, aber es bedeutet zugleich auch die Chance, etwas Neues zu entwickeln. Krisen sind »Wachrüttler«: Man sieht, was man aneinander hat, aber wie wenig man in letzter Zeit dafür getan hat. Man sieht auch, wie sehr man sich vielleicht schon auseinandergelebt hat und wie sehr man in seiner Entwicklung stehen geblieben ist.

Krise als Chance

In einer solchen Krise sehen sich beide, vielleicht zum ersten Mal, im wahren Licht. Die Intensität in Krisenzeiten und die erforderliche Ehrlichkeit ergeben die Chance für ein neues Miteinander. Wer jetzt nicht gleich aufgibt, sondern Abschied nimmt von Träumen und Illusionen, und sich den anstehenden Entwicklungsschritten stellt, kann daran wachsen. Persönliches Wachstum bedeutet aber auch, dass die Liebe wieder wachsen kann.

Wenn sich Ihre Partnerschaft also in einer handfesten Krise befindet, sollten Sie den Mut aufbringen, die Flinte nicht zu schnell ins Korn zu werfen. Auf den nächsten Seiten werde ich Sie dabei begleiten, die Chancen, die in Ihrer Krise stecken, zu nutzen.

Vorab können auch Sie sich schon einmal folgende Fragen stellen, die ich Paaren vorlege, die zu mir in die Therapie kommen:

- Wann hat Ihre jetzige Krise begonnen?
- Welches Ereignis ging ihr voraus?
- Was hat sich im zeitlichen Vorfeld dieses Ereignisses in Ihren Lebensumständen verändert?
- Was hat dieses Ereignis in Ihrer Beziehung verändert?

Wenn Sie diese Fragen beantworten, werden Sie feststellen, dass es nicht so sehr innere Einsichten sind, welche zu Veränderungen im Zusammenleben führen, sondern äußere Ereignisse und Umstände, die den einen oder anderen Entwicklungsschritt notwendig machen. Meiner Erfahrung nach sind es insbesondere bisher vermiedene und hintangestellte Beziehungsaspekte, die aufgrund von veränderten Umständen jetzt zur Entwicklung drängen.

Auslöser für Krisen

Fast jedes vorhersehbare und unvorhersehbare Ereignis kann für eine Paarbeziehung zur Krise werden. Eine derartige Krise ist meistens zeitlich begrenzt und stellt selten die ganze Beziehung infrage. In der »Frühkrise« des jungen Paares wurzeln die Konflikte oft darin, dass die Problematik der Persönlichkeitsentwicklung und der Selbstfindung der Partner mit in die Ehe hineingenommen werden. Oft wird die Ehe selbst als Lösungsversuch von Entwicklungsproblemen betrachtet. Ein häufiger Auslöser einer Paarkrise bei länger andauernden Partnerschaften ist das konfliktträchtige Verhältnis zwischen Autonomie und Bindung. Diese beiden grundlegenden Bedürfnisse geraten heute sehr oft in Konflikt miteinander. Ein weiterer Auslöser ist sexuelle Untreue, die fast immer zu einer ernsthaften Vertrauenskrise führt. Die »Sinn- oder Spätkrise« vieler Paare resultiert meist daraus, dass es durch Beibehalten übernommener Rollenvorstellungen zu einer asynchronen Entwicklung der Partner kommt, die in unterschiedliche Richtungen verläuft – bis dahin, dass sie die Beziehung als solche infrage stellt.

Der amerikanische Paar- und Sexualtherapeut David Schnarch (2004) ist der Auffassung, dass alle Paare zwischen zwei Stadien pendeln, die beide notwendig und unvermeidlich sind: dem »Komfort- oder Sicherheitszyklus« einerseits und dem »Wachstumszyklus« andererseits, der in die existenzielle Beziehungskrise führt. Seiner Beobachtung nach versuchen Paare oft, ihre Beziehung in einem permanenten Komfortstadium zu halten und Angst und Unsicherheit zu vermeiden. Doch nur in einer Krise besteht die Chance zu Änderung und Weiterentwicklung. Zu ganz ähnlichen Schlussfolgerungen kommen auch die beiden Familientherapeuten Barry Dym und Michael Glenn (1997). Sie beschreiben Liebesbeziehungen als einen ständigen Drei-Stadien-Zyklus, der aus »Verheißungsvoller Expansion«, »Enttäuschung und Kontraktion« und »Entspannung und Stabilisierung« besteht.

Phase 1:
Die Partner fühlen sich wohl miteinander und sind offen füreinander. Alles ist so weit gut. Doch dann kommen neue Aufgaben und Situationen auf das Paar zu.

Phase 2:
Das Paar steht vor einer neuen Herausforderung, für die es noch keine Lösung kennt. Darüber kommt es zu Konflikten. Die Partner sind enttäuscht voneinander. Sie verschließen sich und ziehen sich zurück oder sie geraten in einen Dauerclinch.

Phase 3:
Eine Lösung zeichnet sich ab. Die Beziehung entspannt und stabilisiert sich wieder. Eine neue Qualität oder Ebene entsteht. Die Partner sind wieder offen – bis sich die nächste Herausforderung ankündigt.

So wichtig es ist, die Zeiten, in denen in Ihrer Partnerschaft alles bestens läuft, zu genießen, so wichtig ist es aber auch zu akzeptieren, dass es Phasen in Ihrer Partnerschaft geben muss, in denen sich Sand im Getriebe befindet und Sie sich von Glücksgefühlen meilenweit entfernt fühlen. Da es an und in solchen Wendepunkten um etwas anderes als »Liebesglück« geht, sollten Sie Ihre Beziehung auch nicht daran messen, da Sie sonst einen völlig falschen Maßstab zugrunde legen. Dieses andere können wir »lernen« oder »entwickeln« nennen.

Eine meiner über viele Jahre gewonnene Erfahrung auf einen einfachen Nenner gebracht ist die: Ist man offen und bereit, sich an neue Gegebenheiten anzupassen, erlebt man innerhalb seiner Ehe oder Partnerschaft viele verschiedene Partnerschaften mit ein und demselben Partner. Wer will da von Langeweile sprechen!

2. Füreinander frei werden

Die meisten Paare sind heute mehr denn je davon überzeugt, dass sie ihre Partnerschaft nach ihren eigenen Vorstellungen gestalten. Doch wenn sich zwei Menschen ineinander verlieben, dann sind sie alles andere als allein. Eigentlich sind sie ein Quartett, denn es begegnen sich immer auch zwei Familiensysteme mit allem, was dazugehört: Werte, Einstellungen, Familienstrukturen, Erfahrungen. Paarbeziehungen werden häufig durch ungelöste aus dem Elternhaus überschattet. Plötzlich hat man das Gefühl, man strampelt sich dem Partner gegenüber genauso ab wie damals als Kind dem Vater gegenüber. Oder man hat das Gefühl, dass sich der Partner genauso an einen anklammert wie damals die Mutter. Und das, wo einem der andere doch einmal auf Händen trug. Zu glauben, wir würden von einer neutralen Plattform aus in unsere Partnerschaft starten, ist eine ziemliche Illusion. Ein eigenständiges Leben mit dem geliebten Partner ist oft nur möglich, wenn sich beide den Einfluss ihrer Familiensysteme und ihrer Geschichte klarmachen. Dann können Sie herausfinden, welche »ungebetenen Gäste« mit an Tisch und Bett sitzen, und entscheiden, ob Sie das weiterhin so wollen. Eine Partnerschaft bietet immer auch die Chance zu einer »zweiten« oder »dritten« Ablösung von seinen Eltern und Geschwistern. Gelingt diese, kann man seine Kraft in die Partnerschaft investieren und gleichzeitig seine Beziehungen zu seiner Herkunftsfamilie auf eine neue Grundlage stellen.

Wie stark die Erfahrungen mit der eigenen Familie in die Paarbeziehung hineinregieren, zeigt sich vor allem auf folgenden Gebieten:

- Der Partnerwahl
- Der Ehe der Eltern
- Den eigenen Kindheitserfahrungen
- Dem aktuellen Einfluss der Eltern

Partnerwahl

Nicht selten ist die Partnerwahl mehr oder weniger bewusst eine Gegen-Wahl, weil jene Menschen, die in ihren Herkunftsfamilien schwierige Erfahrungen gemacht haben, sich durch den Schritt in die eigene Beziehung befreien wollen. Der Mann, der gewählt wird, ist genau das Gegenteil zum Vater, die Frau das absolute Gegenstück zur Mutter. Der Liebesplot ist dann die »Liebe der Nestflüchter«. Das kann als Ablösungsprozess von den Eltern ein wichtiger Schritt sein, als Grundlage für eine dauerhafte Liebesbeziehung ist es zu wenig. Es kann aber auch sein, dass die Partnerwahl so getroffen wird, dass eine Trennung und Abgrenzung möglichst vermieden wird. Auch dann bleibt man an die elterliche und familiäre Tradition stark gebunden. Die eigene Partnerschaft ist dann nur eine Fortsetzung des Elternhauses – einschließlich der dort vorhandenen Konflikte – mit einer anderen Person. Das passiert dann, wenn man Angst davor hat, sich auf eigene Füße zu stellen.

Ehe der Eltern

Die Eltern und ihre Ehe oder Partnerschaft sind das erste und grundlegende Liebesmodell und auch das erste Modell von Weiblichkeit und Männlichkeit. Sie sind daher im guten wie im schlechten Sinn Vorbild für uns. Führen die Eltern eine schlechte Ehe, dann sind auch die Kinder später in ihren eigenen Liebesangelegenheiten meist nicht sehr erfolgreich, wie einschlägige psychologische Langzeituntersuchungen beweisen. Versuchen wir in unserer eigenen Partnerschaft Fehlentwicklungen unserer

Eltern zu korrigieren, kann dies sowohl unserem Leben eine Richtung geben als auch uns und unsere Partnerschaft überfordern.

Eigene Kindheitserfahrungen

Eine gute Möglichkeit herauszufinden, ob und auf welche Weise die früheren Erfahrungen als Kind in die eigene Partnerschaft hineinfunken, besteht darin, sich einmal den Hauptkonflikt in Ihrer Beziehung vor Augen zu führen: Worum geht es in den meisten Auseinandersetzungen? Wie reagieren Sie aufeinander? Sie werden feststellen, dass sich Ihre Auseinandersetzungen fast immer am gleichen Problem entzünden und nach einem bestimmten Muster ablaufen. Was aber sind die wirklichen Gründe für Ihre Auseinandersetzungen? Um eine Antwort darauf zu bekommen, müssen Sie Ihren Streit aus einem anderen Blickwinkel betrachten: Was könnte hinter der Auseinandersetzung stecken? Sind mir die Gefühle, die ich dabei habe, in irgendeiner Form bekannt? Kenne ich diesen Konflikt irgendwoher? Könnte ein altes Thema von mir drinstecken? Kenne ich das vielleicht aus der Beziehung meiner Eltern, Geschwister oder anderer Menschen, mit denen ich aufgewachsen bin?

Geben Sie nicht gleich auf, wenn Sie erst einmal ratlos reagieren und nicht sofort eine Antwort finden. Wenn Sie sich länger damit beschäftigen, wird sich einiges klären.

Wie würde Ihre Antwort ausfallen, wenn Sie gefragt werden würden, ob Sie einen »wunden Punkt« haben, der Ihre Partnerschaft von Zeit zu Zeit belastet? Meiner Erfahrung nach beantwortet mehr als die Hälfte meiner Klienten diese Frage mit »Ja«. Die Mehrzahl solcher Wunden entsteht aus der unzureichenden Befriedigung wichtiger kindlicher Bedürfnisse. Sie verheilen nur oberflächlich. Bei Kritik, Misserfolg, Fehlern oder Liebesentzug brechen sie wieder auf und mischen gehörig mit. Das Aufbrechen alter Wunden führt dazu, dass der andere nicht gesehen wird, wie er wirklich ist, weil wir alte Gefühle und Erinnerungen auf ihn projizieren: »Du bist ja genauso wie meine Mutter … wie mein Vater!« Und wir führen Stellvertreterkonflikte mit dem

Partner. Durch nochmaliges Durchleben. Oder aber durch Flucht.

In Verbindung bleiben

Auf die Schwierigkeiten, die sich für eine Partnerschaft ergeben können, wenn das kindliche Bedürfnis nach Bindung und nach Kontakt nicht ausreichend befriedigt wurde, bin ich schon eingegangen, möchte aber an dieser Stelle den wichtigsten Punkt noch einmal kurz erwähnen. Ich beziehe mich dabei auf die Paartherapeutin Gerti Senger. In der »Bindungsphase«, die nach heutiger Auffassung ungefähr von 0 bis zum 14. Monat reicht, ist das zentrale Thema »In Verbindung bleiben«. Wird dieses Bedürfnis nicht ausreichend befriedigt, was relativ oft der Fall ist, entsteht daraus ein wunder Punkt. Z. B. haben Sie als Kind geweint und bekamen keine Reaktion. Oder Sie wurden ständig auf dem Schoß gehalten, obwohl Sie eigentlich allein herumlaufen wollten. Das Thema, das sich dann für die Partnerschaft ergeben kann, ist »zu viel oder zu wenig Kontakt«. Der eine sucht Nähe, der andere vermeidet sie, weil er davon als Kind zu viel bekommen hat. Oder: Was dem einen zu viel Kontakt und Nähe ist, ist dem anderen zu wenig. Oder: Der eine entscheidet sich für den Partner, der andere hat Schwierigkeiten, sich festzulegen.

In die Welt hinaus

Es sind aber nicht nur bestimmte Bindungserfahrungen, die beim Erwachsenen die eine oder andere Narbe hinterlassen. Die kindliche Entwicklung endet schließlich nicht mit der Bindungsphase, sondern ihr folgen noch weitere wichtige Entwicklungsphasen, bis schließlich die kindliche Entwicklung einigermaßen abgeschlossen ist. In der auf die Bindungsphase folgenden Explorationsphase ist das zentrale Bedürfnis des Kindes, sein natürliches Bedürfnis nach Neugier und Erkundung ausleben zu können, und danach wieder in den sicheren Hafen zurückkehren kann. Das Thema dieser Phase heißt daher: »Lass mich gehen, sei für mich da, wenn ich zurückkomme.« Der wunde Punkt, der sich hier ergeben kann, ist, dass ich als Kind in die Welt hinauswollte, es aber nicht durfte und von meinen Eltern festgehalten wurde. Oder ich durfte hinaus, aber wenn ich zurückkam, war niemand da, der mir Aufmerksamkeit schenkte und sich geduldig meine Erlebnisse anhörte oder mir den Rücken stärkte. Fehlt diese sichere Basis, steht mein Bedürfnis nach Erkundung dauernd im Konflikt mit meinem Bedürfnis nach Sicherheit. In der Praxis zeigt sich dieser wunde Punkt darin, dass der Ehemann zwar arbeiten gehen kann, die Ehefrau jedoch keine Lust hat, sich seine Erlebnisse im Beruf anzuhören oder sich mit ihm zu solidarisieren. Oder der Ehemann reagiert beleidigt und zieht sich zurück, wenn sich seine Frau mit Freundinnen trifft. Beide sind dann im Dauerclinch oder aber schränken ihre Aktivitäten ein und kleben aufeinander.

Sich zeigen und gesehen werden

In der Phase der geschlechtlichen Identität, die etwa mit dem 30. Monat einsetzt, ist das wichtigste Bedürfnis des Kindes, als Junge und als Mädchen gesehen und damit in seiner heranreifenden geschlechtlichen Identität bestätigt zu werden: Toll, dass du ein Junge bist, toll, dass du ein Mädchen bist. Das zentrale Thema heißt daher: »Sich zeigen und gesehen werden«. Wird dieses Bedürfnis nach Bestätigung des eigenen Geschlechts nicht ausreichend gestillt, entsteht ein wunder Punkt, und die Partner nehmen einander als Mann und Frau nicht wahr. Sie sehen sich als Vater und Mutter oder geschlechtslos als »Partner«. Dieses »sich nicht sehen« kann bis in Kleinigkeiten gehen: die neue Frisur oder das neue Kleid wird ebenso wenig gesehen wie dass der Partner mehr Sport treibt oder mehr Wert auf sein Äußeres legt.

In der Kompetenzphase ist es das Bedürfnis des Kindes, dass seine laufend größer werdenden Fähigkeiten wahrgenommen und bestärkt werden und sich dadurch sein Gefühl von Wirksamkeit verstärkt: Schaut her, was ich schon alles kann, ich bin auch schon groß! Dieses Gefühl ist für die Selbstwertentwicklung sehr wichtig. Das Thema ist also »Anerkennung und Lob«. Wird dieses Bedürfnis nicht oder nur marginal gestillt, kann daraus ein wunder Punkt entstehen. Man kann als Erwachsener seinen Partner schlecht loben und Anerkennung geben. Braucht er dies, entsteht eine Leerstelle. Oder man rackert sich für seinen Partner bis zur Überforderung ab, nur um ein Stück der Anerkennung zu bekommen, die einem Kind versagt wurde. Oder man ist wie »Don Juan« dauernd auf Eroberungsjagd, was zu massiven Treueproblemen führt.

Die nachfolgende Übersicht kann Ihnen helfen, Ihren wunden Punkt herauszufinden und ihn sich einzuprägen.

Phase	Thema	wunder Punkt
Bindungsphase (0–13 Monate)	»In Verbindung sein«	zu wenig bzw. zu viel Kontakt
Explorationsphase (13–30 Monate)	»Lass mich gehen, sei da«	du engst mich ein bzw. niemand interessiert sich für dich
Identitätsphase (30–48 Monate)	»Sichtbarkeit«	ich werde nicht gesehen von dir
Kompetenzphase (bis 6 Jahre)	»Lob und Anerkennung«	zu wenig Lob bzw. zu viel Kritik

Quelle: G. Senger 2006

Was hilft es, wenn Partner um diese wunden Punkte wissen? Zwar wird uns die Vergangenheit hier und da wieder einholen, wenn wir jedoch darum wissen, wird es leichter, damit klarzukommen. Der Blick in die Vergangenheit, um für die Gegenwart und Zukunft freier zu werden, kann auf verschiedene Weise erfolgen: durch Fantasiereisen, Fotoalben, Tagebuchaufzeichnungen, Nachforschungen, Erstellen eines Familiengenogramms. Bei alldem sollte man bedenken, dass unsere Erinnerungen filtern und kein objektives Bild erstellen. Im Extremfall stürzen wir uns nur auf die unerfreulichen Szenen und werden zu Schwarzmalern. Es geht nicht darum, eine schlimme Kindheit schönzureden. Aber Sie können versuchen, dem Drama Ihrer Kindheit ein paar komödiantische Züge zu verleihen. Es gibt keine Kindheit, die nur schrecklich war, sondern immer auch erfreuliche Ereignisse, und es gibt ein Leben nach der eigenen Kindheit, in der so manche korrigierende Erfahrung stattgefunden hat.

Im zweiten Schritt sollten Sie sich mit dem Partner über Ihre »Spurensuche« austauschen. Dadurch wächst das Mitgefühl füreinander – und das Verständnis. Die Einfühlung in die eigene, frühere Not und in die des anderen führt häufig zu einem anderen Blick auf das Problem in der Gegenwart. Sie erkennen, dass in Ihren ständigen Konflikten alte Themen zum Ausdruck kommen und dass Sie beide unter einer Mitgift Ihrer Vergangenheit leiden. Möglicherweise stellen Sie dabei fest, dass Sie beide dasselbe alte Thema haben, es jedoch in verschiedenen Rollen inszenieren.

Reicht es aus, mehr voneinander über diese Themen zu wissen, um freier zu sein? Mit ziemlicher Sicherheit nicht. Wenn wir uns an diesem Punkt verändern und wachsen wollen, müssen wir bereit sein zu lernen, und das heißt im Grunde uns den Situationen in unserer Partnerschaft zu stellen, vor denen wir bisher davongelaufen sind, uns nur angepasst haben, den anderen zu dominieren versucht haben oder unsere Autonomie herausgestellt haben. Eine von mehreren Möglichkeiten ist, sich immer wieder folgende Frage zu stellen: Könnte es sein, dass ich gerade auf alte verinnerlichte Erfahrungen reagiere und gar nicht auf die aktuelle Situation? Das ist eine gute Übung, um beispielsweise unterscheiden zu lernen: Will mich mein Partner wirklich in meiner Freiheit einschränken? Will er mich wirklich verlassen? Oder hat er ganz normale Wünsche an mich, möchte beispielsweise für sich sein. Der entscheidende Punkt ist, dass wir lernen zu unterscheiden: Reagiere ich auf die Situation hier und jetzt – oder auf Basis meiner verinnerlichten Erfahrungen, die vielleicht einen wunden Punkt gefördert hat, der nur unzureichend vernarbt ist und in dieser Situation aufbricht.

Eine andere Möglichkeit ist, dass Sie sich gegenseitig Unterstützung geben. Um sich hierfür gegenseitig Unterstützung zu geben, haben sich sogenannte Anker oder »eyecatcher« als hilfreich erwiesen: Sobald einer von Ihnen erkennt, was gerade mal wieder abläuft, erinnert er den anderen, indem er beispielsweise ein vereinbartes Wort sagt, eine bestimmte Handbewegung macht oder ein Symbol verwendet. Eine Prise Humor schadet dabei keinesfalls.

Sich in die Beobachterposition begeben ist eine weitere Möglichkeit, Distanz herzustellen. Die nachfolgende Übung bringt Sie in Kontakt mit Ihrem »inneren Beobachter«:

Kontakt mit dem »inneren Beobachter« **Übung**

»Machen Sie sich bewusst, dass Sie ohne die Fähigkeit zu beobachten nicht wahrnehmen können, dass Ihr Körper Kontakt mit dem Boden hat oder dass er atmet. Nutzen Sie jetzt ganz bewusst Ihre Beobachtungsfähigkeit für eine Reise durch den Körper und nehmen Sie wahr, wo Ihr Körper angespannt und wo er entspannt ist. Nehmen Sie sich dafür ruhig Zeit. Und während Ihre Aufmerksamkeit Ihrem Körper gehört, machen Sie sich zwischendurch immer wieder klar: Ich kann meinen Körper beobachten, also bin ich mehr als mein Körper.

Und nun wenden Sie diese Erkenntnis auf das Denken an. Konzentrieren Sie sich jetzt einige Zeit darauf, dass Sie wahrnehmen, was Sie denken. Beobachten Sie, was Sie denken. Sie können auch wahrzunehmen versuchen, ob die Gedanken von links oder von rechts kommen oder von vorne oder von hinten. Während Sie Ihre Gedanken beobachten, können Sie sich bewusst machen: Ich kann meine Gedanken beobachten, also bin ich mehr als meine Gedanken.

Nun möchte ich Sie bitten, dass Sie beobachten, welche Stimmung im Moment vorherrscht. Nehmen Sie sich dafür Zeit. Dadurch, dass Sie Ihre Stimmung beobachten können, wird Ihnen bewusst, dass Sie mehr sind als Ihre Stimmung. Und nun können Sie dasselbe mit Ihren Gefühlen machen und Ihre Gefühle beobachten. Welche Gefühle sind da jetzt? Sie können auch Ihre Gefühle beobachten, also sind Sie mehr als Ihre Gefühle.

Zum Schluss machen Sie sich klar, dass Sie auch beobachten können, dass Sie beobachten. Dieser Teil, der beobachtet, dass wir beobachten können, können wir auch den inneren Beobachter nennen. Er ist der Teil, der neutral – also ohne Bewertung – wahrnimmt, was ist. Und diese Fähigkeit, die jeder Mensch hat, können Sie sich zunutze machen. Wenn Sie verwickelt sind, weil Ihre Wunde aufbricht, können Sie sich auf die Beobachterposition zurückziehen und dadurch Distanz bekommen.«

Quelle: L. Reddemann 2004

Der aktuelle Einfluss der Eltern

Nicht nur frühe Erfahrungen als Kind beeinflussen ihre Partnerschaft, sondern auch die reale Beziehung zu ihren Eltern. Auch wenn wir immer das Kind unserer Eltern bleiben, so gibt es doch große Unterschiede darin, in welchem Maße wir von ihnen abhängig sind und wie sehr sie immer noch unser Leben beeinflussen. Wir glauben genau zu wissen, wie nah oder fern wir unseren Eltern sind. Trotzdem können wir uns in unserer Einschätzung täuschen. Sind Sie sicher, dass Sie sich von Ihren Eltern abgenabelt haben? Fesseln die Familienbande Sie eher oder geben Sie Ihnen Halt. Wenn die Loyalität zu den Eltern größer ist als die zum Partner, stehen Liebesbeziehungen unter keinem guten Stern.

Bei der Heirat oder dem Eingehen einer festen Partnerschaft findet normalerweise ein Loyalitätstransfer von der Herkunftsfamilie auf das neue Paar- oder Familiensystem statt. Die erste Loyalität genießt dann der eigene Partner. Doch bei Menschen, die sich von ihrer Familie nicht abgelöst haben, kann dieser Transfer nicht gelingen. Mit der »Flucht in die Ehe« gelingt die notwendige Ablösung vom Elternhaus nicht.

Anhand der folgenden Typologie, die von der Psychologin Eva Wlodarek (1996) stammt, können Sie herausfinden, welchen Einfluss Ihre Eltern heute noch auf Sie haben.

- Gleichgültigkeit
  Von außen sieht es so aus, als hätten Sie sich völlig von Ihren Eltern abgenabelt. Die Kontakte fallen in die Sparte Pflicht-

pensum und Smalltalk. In Ihrer Beziehung zu Ihren Eltern hat es vermutlich irgendwann einen Bruch gegeben. Ihre gleichgültige Haltung lässt vermuten, dass Sie sich bewusst von ihnen absetzen möchten. Prüfen Sie einmal ehrlich, wie oft sie Entscheidungen treffen, die bewusst konträr zu dem sind, was Ihre Eltern sich gewünscht hätten. Vermutlich erwarten Sie dabei, dass sich Ihre Partnerin auf Ihre Seite stellt. Was aber, wenn diese da nicht mitmacht und ihrer eigenen Familie gegenüber Interesse an den Tag legt?

- Sehnsucht
  Sie haben noch immer ein besonderes Band zu Ihren Eltern. In Ihnen steckt die tiefe Sehnsucht, Anerkennung von ihnen zu erhalten. Sobald Sie einen beruflichen oder privaten Erfolg errungen haben, denken Sie unwillkürlich daran, wie Ihre Eltern darauf wohl reagieren werden. Im Zweifelsfall opfern Sie sich vielleicht sogar für Ihre Eltern auf und stellen Ihre Partnerschaft hinten an. Ihre erste Loyalität gilt daher nach wie vor Ihren Eltern. Wundern Sie sich also nicht, wenn Ihr Partner Sie deswegen kritisiert und sich vernachlässigt fühlt.
- Liebe
  Was Sie mit Ihren Eltern erleben, hat Seltenheitswert: Sie haben eine enge gute Beziehung zueinander, ohne dass Sie dadurch in Ihrer Unabhängigkeit eingeschränkt werden. Im Gegenteil, die Tatsache, dass Sie sich mit Ihren Eltern gut verstehen, stärkt Ihnen den Rücken. Ihre Haltung gegenüber Ihren Eltern ist erwachsen. Sie sind liebevoll und aufgeschlossen, ohne dass Sie sich in Ihre Angelegenheiten hineinreden lassen. Im Konfliktfall stehen Sie klar aufseiten Ihrer Partnerin.
- Anhänglichkeit
  Für Ihre Eltern bleiben Sie immer »Kind«. Aber dies ist nur die eine Seite der Medaille. Auch Sie können nicht loslassen. Sie fürchten, Ihren Eltern wehzutun, wenn Sie sich klarer von ihnen abgrenzen. Womöglich ziehen Sie auch einige Vorteile aus Ihrer Kind-Rolle. Für Ihr Erwachsensein wäre es vermutlich besser, wenn Sie sich von dieser Rolle endgültig verabschiedeten. Auch wenn Ihre Anhänglichkeit zunächst positive

Seiten für Ihren Partner hat, kann sie auf Dauer zu einem Problem für Ihre Beziehung werden.

Wenn es auf Sie zutrifft, dass Ihre Beziehung zu Ihren Eltern auf Anhänglichkeit, Sehnsucht oder Gleichgültigkeit basiert, sind Sie vermutlich nicht frei, sondern noch immer in einer Weise an Ihre Eltern gebunden, die Ihrer Partnerschaft nicht guttut.

Eine Partnerschaft kann nur dann gelingen, wenn sich sowohl der Mann als auch die Frau von den Eltern abgelöst haben. Nur so kann jeder für den anderen wichtiger sein als die Eltern. Nur so bekommt die Partnerschaft die notwendige Priorität.

Patentrezepte hierfür gibt es nicht. Oft geht es aber um zwei Schritte: zum einen Ordnung in Ihre Herkunftsfamilie zu bringen, zum anderen sich mit Ihren Eltern endlich auszusöhnen.

Wenn Sie mehr Ordnung in Ihre Ursprungsfamilie bringen wollen, können Sie die folgende Übung durchführen. Lesen Sie hierfür zuerst den Text durch und prägen Sie sich ihn ein. Dann halten Sie inne und schließen Ihre Augen und folgen innerlich den Anweisungen des Textes.

Übung **Ordnen der Herkunftsfamilie und an innerer Freiheit gewinnen**

»Schließen Sie die Augen und lehnen Sie sich zurück. Versammeln Sie in Ihrer Fantasie aus sicherer Position alle Familienmitglieder um sich. Der Raum zwischen Ihnen und Ihren Familienmitgliedern sollte mindestens zwei Meter Abstand betragen. Nehmen Sie sich Zeit, wirklich alle Familienmitglieder auftreten zu lassen, und erlauben Sie, dass diese sich erst einmal so wie immer benehmen. Behalten Sie Ihren Raum für sich.

Während Sie einerseits ganz sicher auf Ihrem Standpunkt stehen bleiben, treten Sie als zweites Ich in die Szene. Sie gehen wie selbstverständlich zu den Familienmitgliedern hin und berühren sie. Sie stellen fest, dass diese sich von Ihnen bewegen lassen, ähnlich wie Schaufensterpuppen. Das nutzen Sie jetzt. Sie bringen Ordnung in den Haufen. Und während Ihr erstes Ich an seinem Standort frei steht, frei atmet, frei schaut, frei denkt, frei redet, frei fragt und frei fühlt, stellt Ihr zweites Ich die Familienmitglieder in eine gesunde Zusammengehörigkeit. Wie auf einem Schachbrett verändert Ihr zweites Ich die Positionen der Menschen in einem guten Maße, die Hierarchien werden berichtigt – jeder kommt in seine Altersklasse. Es werden Abstände verändert, Distanzen vergrößert, Nähe erzeugt. Wo ist der Blick zu öffnen, wo eine Hand zu reichen? Die Familie verändert sich zu einem gesund funktionierenden Organismus. Nehmen Sie genügend Zeit dafür.

Treten Sie nun in der Person eines dritten Ich aus der gesamten Szenerie heraus und betrachten Sie diese von außen. Geben Sie dem Bild, das Sie schauen, einen Namen. Nehmen Sie den Namen und die neue Ordnung in Ihrer Ursprungsfamilie mit in den Alltag. Machen Sie ein paar tiefe Atemzüge. Öffnen Sie nun die Augen.«

Quelle: A. Kaiser Rekkas 2005, modifiziert R. Weber

Unversöhnlichkeit macht Menschen krank. Wer nachtragend ist, hat ein erhöhtes Risiko, an körperlichen Stress-Symptomen wie Magen-Darm-Problemen oder Schlafstörungen zu leiden. Versuchen Sie, sich mit Ihrer Vergangenheit auszusöhnen. Diese Aufgabe dürfen Sie nicht an Ihren Partner delegieren oder von ihm erwarten, dass er Ihre Wunden heilt. Ihr Partner kann Sie höchstens darauf hinweisen, dass es aus diesem oder jenen Grund in diesem oder jenen Punkt nötig wäre, sich zu versöhnen. Versöhnung ist auch kein Fest mit Freude und Jubel – schon gar nicht, wenn zwischen Eltern und Kindern furchtbare Dinge passiert sind.

Denken Sie um! Sehen Sie sich nicht länger als Opfer widriger Umstände. Ihre Eltern mögen zwar die Probleme verursacht haben, mit denen Sie sich vielleicht heute noch herumquälen, die Lösung liegt jedoch in Ihren Händen.

Die Schriftstellerin und Familientherapeutin Marianne Krüll umschreibt Versöhnung mit »ein anderer Blick auf die Mutter oder den Vater«. Sie nennt vier Schritte, die zu ihrer Versöhnung mit ihrer Mutter beigetragen haben. Ich meine, dass sich diese durchaus verallgemeinern lassen:

Die eigene Geschichte finden
Ehe sich eine Tochter mit der eigenen Mutter auseinandersetzt, muss sie Kraft und Mut aufbringen, die Vergangenheit zu erforschen und sich der Gefühle bewusst werden, die sie als Kind in bestimmten Situationen hatte.

Die Mutter konfrontieren
Hat die Tochter Klarheit über ihre Gefühle gewonnen, dann sollte sie in einem zweiten Schritt ihre Mutter damit konfrontieren. Die Tochter als die Jüngere muss es der Älteren zumuten, sich die Geschichte der Tochter anzuhören.

Auf die Mutter zugehen
Viele Töchter bleiben im zweiten Schritt stecken und werden so zu Gefangenen ihrer Vergangenheit. Der dritte Schritt führt zur Mutter als eine Frau, die eine Geschichte hat, von der die Tochter meist sehr wenig weiß. Das bedeutet konkret: Die Tochter bemüht sich, die Welt mit den Augen der Mutter zu betrachten, und geht mit Interesse auf sie zu. Ist die Mutter schon tot, dann können Gespräche mit Zeitzeugen, alte Briefe oder Fotografien wichtige Informationen liefern.

Die gesellschaftlichen Bedingungen berücksichtigen
Bei allem Zorn und persönlichen Leid sollte die Tochter nicht die Rahmenbedingungen vergessen, in denen die Mutter aufgewachsen ist und gelebt hat. In welcher Zeit war die Mutter jung, unter welchen Bedingungen musste sie ihre Kinder großziehen? Welche Rolle spielten die Väter? Mit welchen Schwierigkeiten musste sie als Frau und Mutter kämpfen?

Wenn sich Paare mit ihrer Vergangenheit und ihren Bindungen an ihre Herkunftsfamilien beschäftigen, hat dies meist folgende positive Auswirkungen auf ihre Liebesbeziehung:

1. Das Mitgefühl füreinander und das gegenseitige Verständnis nehmen zu. Und sie merken, dass Vorwürfe und Rückzugsverhalten alte Wurzeln haben und im Grunde etwas völlig anderes bedeuten, als sie bislang gedacht haben.
2. Die Einfühlung in die eigene Not und in die des anderen führt zu einem anderen Blick auf ihr Problem. Sie bekommen Zugang zu dem kleinen Jungen in Ihrem Partner, der ohnmächtig seiner übermächtigen Mutter gegenüber dichtmachte. Und sie erkennen in ihrer Partnerin das verzweifelte kleine Mädchen, das sich nur mit heftigen Eskalationen Beachtung verschaffen konnte.
3. Sie wissen um die Chance, die sie füreinander sind, und sehen klarer, worin der persönliche Entwicklungsschritt von jedem von ihnen besteht. Dies gibt ihren bisherigen Konflikten eine andere Bedeutung.
4. Sie kennen jetzt beide ihren wunden Punkt und versprechen sich, darauf Rücksicht zu nehmen.
5. Sie ordnen ihre Loyalitäten bezüglich ihrer Herkunftsfamilien neu.
6. Sie betrachten den Schatten der Vergangenheit als gemeinsames Problem oder gemeinsamen Feind und unterstützen sich gegenseitig, um sich gemeinsam zu befreien.

Bei allem Verständnis, das man durch die gemeinsame Erforschung der Vergangenheit gewinnen kann, sollte dies jedoch weder dazu führen, den anderen wie ein rohes Ei zu behandeln noch die nicht erhaltene Liebe der Eltern vom Partner zu verlangen oder dieses Defizit ausgleichen zu wollen. Hier stößt die Liebe an klare Grenzen.

3. Auf Abstand gehen

Viele Paare sind der Auffassung, dass Nähe das entscheidende Gütesiegel einer guten Beziehung ist. Je näher sich die Partner sind, desto besser. Viele Paare kommen auch mit der Idee in die

Therapie, sich möglichst rasch wieder näherzukommen. Erstaunt stellen sie dann fest, dass sie dann mehr Nähe erleben, wenn sie einander mehr Abstand einräumen. Die Lösung heißt meiner Meinung nach also nicht: fehlende Nähe durch Nähe zu ersetzen, sondern: tritt zurück, damit ich dich sehe.

Überhöhte Erwartungen

Viele Paare sehen in ihrer Beziehung das Wichtigste überhaupt in ihrem Leben und versuchen, alle Erfüllung und ihren hauptsächlichen Lebenssinn aus ihr zu ziehen. Ohne Frage kann eine Beziehung dem eigenen Leben Tiefe verleihen und Entwicklungen anstoßen, sie kann aber nicht der Sinn des Lebens sein. Gehen zwei Menschen mit dieser Erwartung eine Partnerschaft ein, werden sie zwangsläufig enttäuscht werden. Eine mit so viel Hoffnungen und Erwartungen überfrachtete Liebe gerät schnell unter Druck und an den Rand des Kollapses. Wer den anderen als Lebensinhalt braucht, wird Mühe haben, die Distanzierung, die sich bereits in der Enttäuschungsphase abzeichnet, zuzulassen.

Ob man zu sehr am Partner klammert, kann man daran feststellen, inwieweit gleich mehrere der folgenden Aussagen auf einen zutreffen (U. Nuber):

- Man hat Probleme, seinen eigenen Standpunkt zu vertreten, auch wenn der Partner anderer Meinung ist
- Man verliert sich leicht aus den Augen
- Man schweigt aus Angst vor Liebesverlust
- Man tut sich schwer, dem anderen recht zu geben, weil man sich dann noch abhängiger oder kleiner fühlt
- Man investiert seine ganze Energie in die Beziehung: geht es ihr gut, geht es auch mir gut
- Man trifft keine eigenen Entscheidungen
- Man reagiert eifersüchtig
- Man braucht ständig Kontakt mit dem Partner
- Man gerät in Panik, wenn sich der Partner verändert.

Machen Sie die Probe aufs Exempel: Wenn Sie bei Ihrem Partner wiederholt folgende Verhaltensweisen und Gefühle beobachten, fühlt sich dieser vermutlich von Ihnen eingeengt:

- Er hat viel an Ihnen auszusetzen
- Er fühlt sich eingeengt
- Er ist ohne ersichtlichen Grund gereizt oder verärgert
- Er flüchtet sich immer häufiger in seine Arbeit oder sein Hobby
- Er zieht sich sexuell zurück.

Die Liebe zum Partner nicht mit überhöhter Nähe und Sinnwünschen zu überfrachten, setzt voraus, dass man sich selbst als einen halbwegs sympathischen und eigenständigen Menschen empfindet, der sich und seine Aufgabe im Leben akzeptiert. Ist dies gegeben, besteht die Beziehung aus zwei Personen, die ihre eigene Persönlichkeit und Identität haben und dennoch miteinander in besonderer Weise verbunden sind. Ein »ideales« Paar zeichnet sich dadurch aus, dass beide Partner trotz aller Gemeinsamkeit und noch so großer Liebe den jeweils eigenen Weg nicht aufgeben. Das ist zugegebenermaßen eine hohe Messlatte.

Info

Für den Psychoanalytiker Arno Gruen ist ein Mensch autonom, wenn er in voller Übereinstimmung mit seinen eigenen Gefühlen und Bedürfnissen ist. Er kann dann auch als erwachsen gelten. Wer erwachsen ist, kann akzeptieren, dass er ein eigenständiges, von anderen unabhängiges Wesen ist und dass andere wiederum unabhängig von ihm existieren. Das Gefühl »Ich bin hier, und du bist dort« halten Fran und Louis Cox für das wichtigste Prinzip des Erwachsenseins. Ein Mensch ist ihrer Ansicht nach so lange nicht erwachsen, wie er nicht seine innere Unabhängigkeit von anderen entwickelt hat. Die Erfahrung, dass man ein eigenständiges Ich besitzt, gibt einem Sicherheit. Ist man autonom, muss man sich nicht ständig mit anderen vergleichen oder sich seinen Wert dadurch beweisen, dass man anderen zu Gefallen ist. Ein autonomer Mensch fühlt sich sicher und wertvoll, während ein nicht autonomer Mensch eine grundlegende Unsicherheit niemals richtig loswird. Er ist von der Meinung anderer abhängig und lässt es so zu, dass ihn deren Urteile und Handlungen in seinem Selbstwertgefühl stark beeinflussen. Menschen, die ein starkes Gefühl für ihr eigenes Selbst haben und ihren eigenen Wert kennen, bleiben auch in Situationen, in denen sie sich von anderen angegriffen oder abgewertet fühlen, gelassen: Niemand kann ihre Integrität verletzen.

Die Entwicklung von Autonomie gehört zu den wesentlichen Entwicklungsaufgaben des Erwachsenwerdens.

Damit die Individualität der Partner genügend im Blick ist, braucht es Abstand. Partner, die keine Luft zwischen sich und dem anderen lassen, nehmen einander nicht wahr. Machen Sie dazu folgende kleine Übung: Stellen Sie sich Ihrem Partner so nah als möglich gegenüber. Dann konzentrieren Sie sich darauf, was Sie in dieser Haltung von ihm wahrnehmen. Anschließend vergrößern Sie die Distanz so lange, bis Sie Ihren Partner vollumfänglich wahrnehmen.

Die Lösung heißt daher: auf Abstand gehen. Nur wer zurücktritt, kann den anderen sehen bzw. sich in seiner vollen Gestalt zeigen. Viele Paare spüren intuitiv, dass sie mehr Abstand voneinander bräuchten. Sie versuchen durch Auseinandersetzungen, Seitensprünge, Überstunden und andere Fluchtwege einen gewissen Abstand zueinander zu schaffen. Durch solche destruktiven Praktiken wird aber nur Distanz hergestellt und kein Abstand, bei dem die Partner einander verbunden bleiben.

Ich plädiere für einen konstruktiveren Kurs und schlage hierfür folgende Schritte vor:

Sich selbst kennenlernen

Man muss sich selbst gut kennen, um einem anderen Menschen nahezukommen. »Wir sind Analphabeten, wenn es um Gefühle geht«, lässt Ingmar Bergmann eine seine Hauptfiguren im Film *Szenen einer Ehe* sagen. Um mehr Zugang zu sich selbst zu bekommen, ist es wichtig, dass Sie Ihre eigenen Empfindungen und Gefühle wahrnehmen lernen.

Die eigenen Gefühle beim Namen nennen zu können, ist äußerst wichtig. Wenn Sie Ihre Gefühle nicht benennen können, sind Sie ihnen ausgeliefert. Die feministische Psychotherapeutin Anne Wilson Schaef meint, dass alles, was unbenannt bleibt, uns indirekt beeinflussen kann, und da wir keine Worte dafür haben, können wir uns weder wehren noch damit umgehen.

Wussten Sie, dass es nur vier Grundgefühle – ärgerlich, traurig, froh, ängstlich – gibt, diese sich aber in vielen Abstufungen und Intensitätsgraden differenzieren? Allein für das Grundgefühl »ärgerlich« gibt es über elf Abstufungen.

Die folgende Übung, die auf Steven Farmer zurückgeht und von mir abgewandelt wurde, kann Ihnen helfen, Ihre eigenen Gefühle besser wahrzunehmen. Für viele Männer geradezu eine Standardübung.

Grundgefühle **Übung**

Schreiben Sie oben auf eine Karteikarte nebeneinander die vier Grundgefühle ärgerlich, traurig, froh, ängstlich und zusätzlich die Kategorie »weiß nicht«. So bekommen Sie fünf Spalten. Tragen Sie dieses Blatt immer bei sich. Halten Sie jede Stunde am Tag einmal kurz inne und fragen Sie sich: »Was fühle ich?« Beginnen Sie damit beim Aufstehen. Machen Sie in der betreffenden Spalte ein Kreuz, wenn Sie dieses Gefühl registrieren. Wenn Sie nicht sicher sind, was Sie empfinden, dann kreuzen Sie »weiß nicht« an. Führen Sie diese Übung über mehrere Wochen entweder allein oder zusammen mit Ihrem Partner durch.

In einem zweiten Schritt können Sie ein Gefühlsvokabular erstellen, um auch feinste emotionale Regungen einordnen zu können. Dazu differenzieren Sie Ihre vorherige Liste mit den vier Grundgefühlen in einzelne Abstufungen. Wenn Sie damit Schwierigkeiten haben, holen Sie sich bei jemandem Hilfe, der ein umfangreiches Gefühlsvokabular besitzt.

Sich selbst gegenüber Wertschätzung ausdrücken

Wenn ich mich selbst als wertvoll und wichtig ansehen kann, laufe ich weniger Gefahr, dieses Selbstbewusstsein von meinem Partner einzufordern. Auch wenn meine eigene Kindheit nicht auf »Rosen gebettet« war, gibt es Liebenswertes und Wertvolles an mir. Um das zu sehen, müssen Sie eventuell den engen Rahmen ihrer Familie verlassen und sich darauf besinnen, welche Rückmeldungen Sie von Gleichaltrigen oder Bezugspersonen bekommen haben, die nicht Ihrem Familienclan angehörten.

Glücklicherweise gibt es ja auch ein Leben außerhalb und nach der eigenen Familie. Vielleicht haben auch gerade die schwierigen Lebensumstände als Kind und spätere Krisen als junger Erwachsener Seiten in Ihnen entwickelt, auf die Sie stolz sein können.

Um sich Ihrer liebevollen Seiten bewusst zu werden, können Sie folgende Übung durchführen:

Übung **Mich selbst wertschätzen**

Schreiben Sie auf ein Blatt Papier den Satzanfang: »Ich schätze an (Ihren Vornamen)« ... Schreiben Sie darunter die Zahlen 1 bis 10. Nehmen Sie sich nun Zeit zu überlegen, was Sie selbst an sich mögen oder gut finden. Seien Sie möglichst konkret. Denken Sie sowohl an Dinge, die Sie tun oder für die Sie sich interessieren, als auch an Eigenschaften und Fähigkeiten, die Ihnen gefallen. Denken Sie daran: Jedes Ding hat zwei Seiten: »schlechte« Eigenschaften haben auch ihre guten Seiten. Dies ist oft nur eine Frage der Perspektive.

Vervollständigen Sie die Liste, indem Sie Menschen, die Ihnen wohlgesonnen sind, fragen, was diese an Ihnen mögen.

Nehmen Sie sich in den nächsten Wochen die Liste immer wieder vor, um sich die Dinge zu vergegenwärtigen, die Sie an sich mögen.

Durch die Besinnung auf sich selbst kann man lernen, sich selbst jene Bestätigung zu geben, die eine eigene Identität ermöglicht: So bin ich, und das ist gut so.

Zeit für sich

Eine ganz direkte Form des Abstands ist, sich Zeit für sich selbst zu nehmen.

Diese Zeit muss man mit niemandem teilen, sondern ist ausschließlich für einen selber reserviert. Es ist eine Zeit des inneren und äußeren Rückzugs. Nur durch Alleinsein kann man lernen, sich um sich selbst zu kümmern und der eigenen Lebensspur nachzufolgen. Was in dieser Zeit passiert, kann sehr unterschiedlich sein – es soll aber dazu dienen, sich in Ruhe mit sich selbst auseinanderzusetzen und sich selbst zu erforschen. Die Selbsterforschung öffnet den Blick auf die eigenen Wünsche und Visionen. Mit Ich-Zeit ist also nicht primär gemeint, dass jeder der Partner einem Hobby nachgeht, sondern Zeit mit sich allein verbringt. Zeit zum Nachdenken und Nachspüren hat man bei Spaziergängen oder beim Joggen, beim Nichtstun, beim Tagebuchschreiben, beim Tagträumen oder Meditieren.

Kontrolle aufgeben

Kontrolle bedeutet nicht Macht

Versuchen Sie sich von der Vorstellung zu lösen, die Beziehung oder Ihren Partner kontrollieren zu müssen. Wenn Sie dieses Bedürfnis verspüren, versuchen Sie sich klarzumachen, dass dies aus dem Gefühl von Machtlosigkeit erfolgt, das Sie wahrscheinlich als Kind schon hatten. Als erwachsene Person haben Sie jedoch die Möglichkeit, Ihrem Gefühl der Machtlosigkeit dadurch zu begegnen, dass Sie

- die eigenen Wünsche klar äußern, anstatt vom Partner zu fordern: er »sollte« oder »müsste«. Forderungen stellen ist etwas ganz anderes als Wünsche äußern. Forderungen gehen an das Maximum und laden den Partner dazu ein, eine Gegenforderung zu stellen. Wünsche sind weniger absolut, der Ausgang ist daher offener.
- den Partner über die Folgen seines Verhaltens aufklären, anstatt ihn zu kontrollieren. Es ist viel sinnvoller, dem Partner mitzuteilen, wie sich sein Verhalten – er kommt regelmäßig zu spät nach Hause – auf Sie auswirkt, als sein Verhalten zu kontrollieren oder zu verurteilen. Solche Äußerungen beginnen mit »wenn …« und enden mit »dann …«.
- sich in Gedanken eine Situation in Ihrer Beziehung ausmalen, in der Sie den Verlust an Kontrolle schrecklich finden würden. Nehmen Sie ein Blatt Papier und beschreiben Sie ausführlich diese Situation. Stellen Sie sich dann die Frage: »Was kann

mir schlimmstenfalls passieren, wenn die Situation tatsächlich eintritt?« Schreiben Sie Ihre Antwort ebenfalls auf. Spinnen Sie die Situation weiter. Notieren Sie nacheinander sämtliche Folgen, die die Ausgangssituation haben könnte. Lassen Sie Ihrer Fantasie freien Lauf. Vielleicht erkennen Sie bereits jetzt, wie übertrieben Ihre Befürchtungen sind. Als Nächstes fragen Sie sich, welche realistischen Konsequenzen Sie zu erwarten haben. Danach fragen Sie sich, wie schlimm diese Konsequenz wäre, wenn sie tatsächlich eintreten würde. Machen Sie die Übung gegebenenfalls mit jemandem, dem sie vertrauen und der dabei die Rolle eines Hilfs-Ichs übernehmen kann.

Es ist nützlich, sich immer wieder daran zu erinnern, dass die Welt nicht einstürzt, wenn Ihr Partner sauer auf Sie ist, nicht mit Ihnen übereinstimmt oder was auch immer.

Grenzen ziehen

Steigern Sie Ihre Selbstachtung

Wenn Sie lernen, in Ihrer Beziehung Grenzen abzustecken, werden Sie zufriedener sein mit sich. Sie können Ihre Selbstachtung erheblich steigern, wenn Sie Ihre Grenzen festlegen und Ihrem Partner gegenüber deutlich machen. Es gibt mehrere Möglichkeiten, um herauszufinden, ob Sie eine Grenze errichten sollten:

1. Achten Sie auf Ihre Gefühle. Wenn Sie verstimmt sind, sich ungerecht behandelt, ausgenutzt, ausgelaugt oder eingeengt fühlen, so sind dies eindeutige Hinweise, dass ihnen die »Luft zum Atmen« fehlt. Körperliche Beschwerden sind ebenfalls gute Indikatoren dafür, dass sie sich zu wenig um Ihre Grenzen kümmern.
2. Gehen Sie der Sache auf den Grund. Wenn Sie Zweifel haben, Grenzen zu setzen, sollten Sie beobachten, wie andere Menschen in Beziehungen Grenzen setzen und sich dadurch Anregungen und Sicherheit holen.
3. Sich vorbereiten. Überlegen Sie Bereiche in Ihrer Beziehung, in denen Sie eine Grenze setzen möchten: Sex, Geld, Kinder-

erziehung, Haushalt, Zeit. Reden Sie mit Ihrem Partner über Ihre Liste, aber präsentieren Sie ihm diese Liste nicht als Forderungskatalog.

4. Verlassen ist nicht allein gelassen. Damit es Ihnen leichter fällt, Ihre Grenzen abzustecken, sollten Sie Ihre Ängste vor dem Verlassenwerden überdenken. Um Ihrer Angstvorstellung entgegenzuwirken, können Sie sich folgende Fragen stellen. Erstens: Wenn Sie sich von Ihrem Partner abgrenzen, was könnte schlimmstenfalls passieren? Zweitens: Wenn dieser schlimmste Fall tatsächlich eintreten würde, würden Sie es überleben?

Geheimnisse

Das Fremde im Vertrauten

Alles vom Partner zu wissen, löst jegliche Spannung in einer Beziehung auf. Manche Geheimnisse können dazu beitragen, dass sich die Partner ihrer Unabhängigkeit und Eigenständigkeit versichern. Daher müssen wir einander nicht jeden Gedanken, jede Fantasie, jeden Wunsch und jede spontane Idee mitteilen, sondern dürfen in einem gewissen Umfang ein Geheimnis um unsere Person machen. Geheimnisse sind Teil der eigenen Identität. Natürlich geht es dabei nicht darum, den Partner vorsätzlich zu täuschen oder zu betrügen. Geheimnisse dürfen das Vertrauen nicht erschüttern. Vielmehr geht es darum, dass der Partner Seiten hat, die man nicht kennt und die man entweder gern näher kennenlernen möchte oder eben nicht. Lernen Sie also zu akzeptieren, dass man den Partner nie ganz kennt und von ihm nie ganz erkannt wird und dass man den anderen in seiner Unberechenbarkeit nie im Griff hat. Dies kann zu einer lebenslangen Suche nach dem Fremden im Vertrauten führen.

4. Wege zur Intimität

Es gehört zu den traurigen Tatsachen, dass viele Paare einsam sind, weil ihrer Partnerschaft die nötige Intimität fehlt. Doch was ist Intimität? Sind wir nicht intim, wenn wir Tisch und Bett mit jemandem teilen, uns alltäglich begegnen und Kinder miteinander haben? Unter partnerschaftlicher Intimität verstehe ich eine vertrauensvolle, personale Nähe und Offenheit, die sexuelle Intimität einschließt, jedoch über sie hinausgeht.

Partnerschaftliche Intimität zeichnet sich durch folgende Bestandteile aus (R. Reichmann):

- *Durch das gegenseitige Gefühl der Liebe und Fürsorge*
  Viele Paare leben zwar eng zusammen, sind aber nicht wirklich bereit, für den anderen über das Materielle hinaus zu sorgen.

- *Durch großzügiges Geben*
  Man gibt dem anderen freiwillig und mit Freude, damit es ihm gut geht. Und man vertraut darauf, dass auch der andere nicht nur nimmt, sondern ebenfalls an meinem Wohlergehen interessiert ist.

- *Durch Kooperation und Abhängigkeit*
  Beide stehen dazu, dass jeder bis zu einem gewissen Grad vom anderen abhängig ist. Sie akzeptieren, dass sie einander brauchen, weil das Leben miteinander schöner und erfüllender ist.

- *Durch ein Gefühl der Verpflichtung und Bindung*
  Man fühlt sich füreinander verantwortlich und man gibt sich gegenseitig das Gefühl von Sicherheit.

- *Durch den Austausch von Gefühlen und Gedanken*
  Die Kommunikation basiert auf einem hohen Grad an Selbstöffnung: Wir schmieden Pläne für die Zukunft und teilen uns unsere Hoffnungen, Ängste und die dunklen Seiten unserer Persönlichkeit vertrauensvoll mit.

- *Durch eine Balance zwischen Individualität und Verschmelzung*
  Wahre Intimität basiert auf der Balance zwischen dem Wunsch nach Verschmelzung mit dem Partner und der Bewahrung der eigenen Individualität.

- *Durch eine gerechte Machtverteilung*
  Intimität ist mit der völligen Freiheit für den Einzelnen nicht vereinbar. Die Partner sind sich ihrer Rechte und Pflichten bewusst. Sie beeinflussen einander auf der Basis von Liebe und Respekt, nicht aber von Angst und Manipulation.

Info

Häufig verhindert mindestens einer der Partner durch sein Verhalten das Entstehen von Intimität. »Intimitätsvermeider« lassen sich oft nicht leicht identifizieren. Man hat vielleicht nur das Gefühl, unzufrieden oder unglücklich zu sein, ohne genau sagen zu können warum. Am leichtesten als Intimitätsvermeider sind die »Distanzierten« zu erkennen. Sie haben häufig wechselnde Beziehungen und geben dafür die unterschiedlichsten Gründe an. In dieser Gruppe finden sich Perfektionisten, die entweder den richtigen Partner noch nicht gefunden haben, romantisch veranlagte Distanzierte, die ständig nach der großen Liebe suchen, die Unentschlossenen und die Narzissten, die vor allem bewundert werden wollen. Die »Pseudo-Intimen« sind sehr viel schwieriger auszumachen als die Distanzierten. Sie stellen zwischen sich und ihrem Partner Barrieren auf, die auf den ersten Blick als solche nicht zu erkennen sind. Sie flüchten sich in Aktivitäten oder Verpflichtungen. Sie leben in funktionierenden Beziehungen. Sie sind liebevolle Ehemänner und Ehefrauen – mit der einzigen Einschränkung, dass sie ihre Interessen oder die Sorge um andere Menschen zwischen sich und den Partner stellen. Die kleinste Gruppe stellen die »Intimitäts-Saboteure« dar. Anders als die anderen beiden Gruppen vermeiden sie nicht die Nähe zum Partner, sondern sind im Gegenteil extrem abhängig von ihm. Sie wollen Nähe und sorgen doch dafür, dass Distanz entsteht und sich der Partner abwendet. Zu den Saboteuren zählen der Nörgler, dem man nichts recht machen kann, der Schmollende, der sich bei der leisesten Kritik zurückzieht, der Märtyrer, der alles akzeptiert, der Anklammernde , der sich ständig vergewissert, ob der andere ihn auch noch liebt, der eifersüchtige Zweifler, der ständig mit der Untreue des Partners rechnet, und der passive Zauderer, der zu allem »Ja und Amen« sagt, was von ihm verlangt wird, es aber dann doch nicht macht. Sie alle wollen Nähe und Geborgenheit, aber nur zu ihren Bedingungen. Auf ganz unterschiedliche Weise stellen sie unangemessene Forderungen an ihre Partner, denen langfristig nichts anderes übrig bleibt, als sich zurückzuziehen. So vielfältig die Vermeidungsmechanismen auch sein mögen, das gemeinsame Motiv hierfür ist Angst: vor dem Verlassenwerden, vor Vereinnahmung, vor Kritik oder Kontrolle – aber auch übertriebener Individualismus.

Quelle: R. Reichmann

Wie ist es um die Intimität in Ihrer Partnerschaft bestellt? Gibt es genügend Berührungspunkte zu Ihrem Partner? Sind Sie einander zwar nah, aber doch so fern? Oder vermeiden Sie oder Ihr Partner zu große Nähe? Männer stehen sich in ihren Wünschen nach Intimität oft selbst im Wege. Sie teilen ihre Probleme und Gefühle nur selten mit. Die meisten Paare mit Intimitätsproblemen, die ich kennengelernt habe, spüren nur, dass etwas nicht stimmt, wissen aber nicht, was dieses Etwas sein könnte. Keine Einsamkeit ist jedoch schlimmer als die Einsamkeit zu zweit, wie eine Klientin unlängst ihrem Partner in einem Brief schrieb.

Wie aber kommt Intimität zustande? Intimität ist immer mit einem Risiko verknüpft. Sie herzustellen, setzt die Bereitschaft und Fähigkeit zur Selbstöffnung voraus. In unterschiedlichem Maße haben wir alle Angst davor, in unserer Offenheit verletzlich zu sein und enttäuscht zu werden. Vertrauen ist eine von zwei unabdingbaren Voraussetzungen für eine auf Intimität basierende Beziehung.

Dem Partner zu vertrauen beginnt damit, dass dieser in seinem Verhalten verbindlich ist und nicht je nach Lust und Laune mal so und mal so reagiert. Ebenso wichtig ist, sich aufeinander verlassen zu können. Partner, die immer damit rechnen müssen, dass der andere bei jedem kleineren oder größeren Problem davonläuft, können kein Vertrauen aufbauen Dasselbe gilt für Partner, die nicht sicher sein können, dass sie nicht willentlich vom anderen verletzt oder gedemütigt werden. Die dritte Voraussetzung für eine vertrauensvolle Beziehung ist ein klares Bekenntnis zu einer auf Dauer angelegten Beziehung und nicht nur zu einer Beziehung auf Zeit.

Machen Sie den Vertrauenstest. Wenn Sie den meisten der folgenden Aussagen zustimmen können, basiert Ihre Partnerschaft auf Vertrauen.

- Ich kann damit rechnen, dass sich mein Partner so verhält, wie ich es erwarte
- Das Verhalten meines Partners ist beständig
- Ich kann mich auf meinen Partner in wichtigen Dingen verlassen
- Ich bin überzeugt, dass mein Partner auch in schwierigen Zeiten zu mir stehen wird
- Mein Partner ist mir gegenüber ehrlich und offen
- Mein Partner trifft keine uns betreffenden Entscheidungen hinter meinem Rücken
- Was unsere Beziehung angeht, blicke ich vertrauensvoll in die Zukunft
- Mein Partner signalisiert mir, dass er gerne mit mir zusammen ist

Quelle: U. Nuber 2005, modifiziert R. Weber

Schlüsselfaktoren Vertrauen und Eigenständigkeit

Neben Vertrauen setzt Intimität die Fähigkeit voraus, dass die Partner trotz aller Liebe nie ihre Eigenständigkeit verlieren, sondern dass ihre Individualität gewahrt bleibt. Der Schlüssel hierfür ist die Fähigkeit zur Differenzierung. Nach David Schnarch, einer der führenden Paar- und Sexualtherapeuten in den USA, handelt es sich dabei um die Fähigkeit, im engen emotionalen und körperlichen Kontakt zu anderen ein stabiles Selbstwertgefühl zu wahren – insbesondere dann, wenn diese anderen uns immer wichtiger werden. Die Fähigkeit, mich von einem anderen Menschen, der mir sehr viel bedeutet, zu unterscheiden, ist eng verknüpft mit zwei anderen Fähigkeiten: zum einen damit, meine Gefühle zu regulieren, zum anderen meine Bindungs- und Autonomiebestrebungen immer wieder neu auszubalancieren.

Wer diese Fähigkeiten in ausreichendem Maße besitzt, kann sowohl seinem Partner zustimmen, ohne das Gefühl zu haben, sich selbst zu verlieren, und kann ihm widersprechen, ohne das

Gefühl von Entfremdung und Verbitterung zu haben. Wer »differenziert« ist, muss nicht auf Distanz gehen, um bei sich bleiben zu können.

»Geringe Differenzierung« geht einher mit einem von anderen abhängigen Selbstgefühl. Man braucht dauernd Kontakt, ständige Bestätigung und Konsens mit seinem Partner oder aber ständigen Widerspruch. Auch die Regulierung eigener Ängste läuft hauptsächlich über die Beziehung zum Partner ab: Man versucht mit ihm zu verschmelzen, was zwar zeitweise die Angst reduziert und das Sicherheits- und Identitätsgefühl stärkt, wird jedoch zunehmend abhängiger.

Im Wesentlichen sind es fünf Punkte, die den Differenzierungsansatz ausmachen:

1. Ein klares Selbstbewusstsein bei gleichzeitiger emotionaler Nähe zu meinem Partner
2. Ein durchlässiges Selbst, das sich auf andere bezieht, aber sich nicht durch andere definiert
3. Die Fähigkeit zur eigenen Angstregulierung, ohne den Partner dafür einzusehen
4. Sich selbst nicht durch die Angst des Partners manipulieren zu lassen, ohne gegenüber dessen Angst gleichgültig zu sein
5. Die Bereitschaft, für die persönliche Entwicklung Schmerzen zu tolerieren.

Schnarchs Überlegungen stellen die weitverbreitete Annahme über Menschen mit emotionalen Problemen infrage. Diese besagt, dass sie in ihren Familien nicht genug Liebe und Unterstützung bekommen haben und dass sie, wenn sie nur genügend Liebe und Aufmerksamkeit bekommen könnten, sich besser fühlen und funktionieren würden. Die Gegenthese lautet: Leute, die sich ungeliebt fühlen, sind übermäßig abhängig von Liebe. Sie brauchen daher nicht mehr Liebe, sondern mehr Individualität.

Atmen Sie also auf: Sie brauchen Ihren Partner nicht die Liebe zu geben, die er als Kind nicht bekommen hat. Das würde seine Abhängigkeit nur vergrößern.

Besser ist es, Sie ermutigen ihn zum Übergang von fremd- zu selbstbestätigter Intimität beziehungsweise leben ihm das vor. »Fremdbestätigte Intimität« geht mit der Erwartung einher, der Partner werde akzeptieren, was wir ihm sagen, Einfühlungsvermögen zeigen oder sich seinerseits öffnen. Damit geht sie vom Prinzip der Gegenseitigkeit aus, das unsere Bindung stärkt und beweist. »Selbstbestätigte Intimität« bedeutet, dass wir uns dem Partner öffnen, ohne zu erwarten, dass er unsere Äußerungen akzeptiert oder sich seinerseits öffnet. Solchermaßen verstandene Intimität fördert die Differenzierung der Partner.

Der Unterschied zwischen diesen beiden Intimitätsformen liegt nicht primär im Inhalt, sondern im Appell, mit dem es gesagt wird. Fremdbestätigte Intimität appelliert an die Vertrauensbasis, um sich zu äußern. Außerdem besteht die Erwartung, verstanden zu werden. Sind all diese Voraussetzungen gegeben, lasse ich mich auf den Partner ein. Unsere Beziehung bewegt sich im sicheren Bereich – in der Komfortzone.

Ich zeige mich, wie ich bin

Bei der selbstbestätigten Intimität gibt es diese Voraussetzungen nicht. Es ist ein einseitiger Prozess, bei dem ich mich entschließe, mich dem anderen so zu zeigen, wie ich bin. Damit verlasse ich die Komfortzone der Beziehung und betrete die Risikozone eines ungewissen weiteren Verlaufs.

Intimität entwickelt sich nicht nur, wie dies unserem Alltagsverständnis entspricht, durch gegenseitige Offenheit, gegenseitiges Vertrauen, Akzeptanz, Empathie – dies trifft für das Sicherheits- und Komfortstadium einer Beziehung zu –, sondern auch auf dem dornigen Weg über Konflikt, Selbstbestätigung und einseitige Preisgabe.

Dies bedeutet, dass wir spätestens in Zeiten des Umbruchs und an Wendepunkten unserer Beziehung vom Partner ablassen und uns auf uns selbst konzentrieren. Es geht darum aufzuhören, den Partner dazu bringen zu wollen, irgendetwas zu tun, einzusehen oder zuzugeben. Stattdessen gilt es, sich auf die Entwicklung der eigenen Differenzierung zu konzentrieren, ohne dabei den Kontakt zum Partner zu verlieren oder ihn auszuschließen. Auch wenn diese Vorstellung durchaus Ängste auslösen kann, sollte man bedenken, dass vermutlich nur so die Andersartigkeit des Partners als Bereicherung erlebt werden kann und nicht durch Harmonieerwartungen kontrolliert werden muss.

Übung Fiktives Paargespräch

Stellen Sie sich ein Gespräch mit Ihrem Partner vor, bei dem Sie sich folgende Dinge vornehmen:

1. Ihr Partner braucht Ihnen nicht zuzustimmen und Sie sagen ihm das auch: »Du brauchst dem, was ich jetzt sage, nicht zuzustimmen.«
2. Sie kümmern sich selbst um Ihre Ängste. Sie können sagen: »Vielleicht findest du mich danach auch furchtbar und unmöglich. Mir ist es aber wichtig, dass du es weißt.«
3. Sie haben nicht die Erwartung, dass Ihr Partner genauso offen ist wie Sie.
4. Bevor Sie dann das fiktive Gespräch führen, sagen Sie innerlich zu sich: »Ich will mit dir zusammen sein, aber ich will auch, dass du weißt, wer ich bin.«
5. Dann beginnen Sie mit dem Gespräch. Sagen Sie ungeschminkt das, was Sie auf dem Herzen haben.

Im Anschluss werten Sie Ihr fiktiv geführtes Gespräch aus:

- Wie ist das Gespräch verlaufen?
- Wie hat mein Partner darauf reagiert?
- Wie ist es mir selbst ergangen?

Wiederholen Sie diese Übung so oft, bis Sie das Gefühl haben, Sie fühlen sich sicher genug, diese Haltung auch bei einem realen Gespräch mit Ihrem Partner einzunehmen.

5. Gemeinsam wachsen

In einer lebendigen Partnerschaft halten sich drei partnerschaftliche Verhaltensweisen die Waage:

- die Partner unterstützen sich
- die Partner begrenzen sich und
- die Partner fordern einander heraus.

Partner geben einander also nicht nur liebevolle Unterstützung, sondern stellen Erwartungen aneinander und sind sich oft die schärfsten Kritiker. Sie stehen nicht bedingungslos zueinander. Sie durchkreuzen persönliche Tendenzen, vor Unannehmlichkeiten auszuweichen, Konfrontationen zu vermeiden und faule Kompromisse einzugehen. Sie begrenzen aber auch die persönlichen Entwicklungsmöglichkeiten. All dies geschieht keineswegs aus Bösartigkeit oder aus Vorsatz, sondern weil das Verhalten des Partners auf den anderen wirkt.

Im Liebesalltag zeigt sich oft, dass Paare Probleme im Umgang mit diesen gegensätzlichen Verhaltensweisen haben. Entweder unterstützen sie sich hauptsächlich und fordern sich zu wenig heraus. Oder sie begrenzen sich sehr stark und unterstützen sich zu wenig. Oder sie fordern sich hauptsächlich heraus, was auf Dauer zu anstrengend ist und zu wenig Sicherheit und Bestätigung schafft. Unterstützen wir den Partner immer nur in seinen Interessen und Vorstellungen, geben wir uns selbst auf und erzeugen zudem die Illusion, dass die Beziehung alles möglich macht. Ein zu hohes Maß an Unterstützung kann auch zu einem Schonklima zwischen den Partnern führen, weil man die Gegensätzlichkeit und die damit zusammenhängenden Konflikte vermeiden will. Wenn sich die Partner vorrangig nur begrenzen, überwiegt die gegenseitige Kontrolle, und meist ist es nur eine Frage der Zeit, bis der Stärkere der beiden aus der Partnerschaft ausbricht und zum Beispiel durch eine Affäre den anderen ausschließt.

Info

Liebesbeziehungen fördern die Persönlichkeitsentwicklung. Das hat auch der Berliner Forscher Franz J. Neyer in Langzeitstudien an 500 jungen Erwachsenen zwischen 18 und 30 Jahren herausgefunden. Konkret konnte er feststellen, dass Persönlichkeitsmerkmale wie Schüchternheit und Neurotizismus durch die Partnerschaft abgenommen und Extraversion, Selbstwert und Gewissenhaftigkeit zugenommen haben. Die Liebesbeziehung fördert also die persönliche Reifung. Weiter konnte festgestellt werden, dass die Auflösung der Partnerschaft hingegen keinen Effekt auf die Persönlichkeit hatte. Ob nach vier Jahren immer noch glücklich zusammen oder bereits vom Partner getrennt – das Persönlichkeitsprofil ändert sich dadurch nicht. Liebe kann vergehen, der durch eine Partnerschaft erzielte Persönlichkeitsgewinn aber bleibt erhalten.

In vielen Menschen schlummert der Wunsch, sich in und durch ihre Beziehung weiterzuentwickeln. Tatsächlich können in einer Partnerschaft solche Entwicklungen möglich werden. Auch Ihre Partnerschaft bietet dazu Chancen, die Sie nutzen sollten.

Es sind im Wesentlichen fünf die persönliche Entwicklung stimulierende Herausforderungen, die von einer Liebesbeziehung ausgehen. Ich beziehe mich dabei auf den Schweizer Paarforscher und -therapeuten J. Willi:

1. Infragestellung und Überprüfung eigener Werte

Eine Partnerschaft stellt uns infrage. Wir müssen unsere Werte gegen die des Partners stellen und damit unsere meist von den Eltern übernommenen Vorstellungen überdenken. Vielleicht müssen wir sogar unsere Loyalitäten neu ordnen und uns in bestimmten Punkten intensiv mit unserer Vergangenheit beschäftigen. In den Konflikten mit unserem Partner werden unsere Ängste und Schwächen sichtbar. Werte, Ängste und Schwächen sind wichtige Teile unserer Identität. Die Partnerschaft fordert uns heraus, uns mit ihnen auseinanderzusetzen und unsere Identität weiter zu entwickeln und nicht nur das als richtig zu empfinden, was wir gewohnt sind. Wie ist Ihre Erfahrung: Haben Sie und Ihr Partner sich auf diese Herausforderung eingelassen, nur teilweise oder bislang gar nicht? Vielleicht sollten Sie dann diese Klärung nachholen.

2. Verschiedenheit der Geschlechter

Die Andersartigkeit von Mann und Frau wird meist sowohl als Bereicherung als auch als Gefährdung der eigenen geschlechtlichen Identität erlebt. Im Idealfall werden Männer in einer Liebesbeziehung männlicher und Frauen weiblicher, was die Gegensätzlichkeit unterstreicht und die erotische Anziehung erhöht. Die Herausforderung der persönlichen Entwicklung durch das andere Geschlecht durchläuft dabei verschiedene Phasen:

- In der Verliebtheitsphase bestätigen und bewundern sich beide gegenseitig in ihrer Andersartigkeit.
- In der Enttäuschungsphase fühlt man sich von dem, was ursprünglich anziehend war, oftmals überfordert und bedroht. Mann und Frau befürchten, vom anderen Geschlecht dominiert zu werden. Nach dem amerikanischen Paartherapeuten John Gray ist die primäre Angst des Mannes die, von seiner Frau nicht als gut und kompetent genug angesehen zu werden. Er fürchtet, zu versagen und Fehler zu machen, und aus diesem Grund macht er lieber nichts als etwas Falsches. Frauen wiederum haben laut Gray Angst, zurückgewiesen und allein gelassen zu werden, und daher können sie anderen schwer Grenzen setzen
- In der Realisierungs- und Integrationsphase geht es um die Integration weiblicher Anteile des Mannes und männlicher Anteile der Frau. Gelingt dies, braucht die Gegenseite nicht mehr abgewertet oder verteufelt zu werden. Man ist stattdessen froh und dankbar über die ergänzende Sichtweise und das andersgeartete Verhaltensrepertoire, über das der andere verfügt.

Wenn Sie diese Herausforderung gemeinsam bewältigt haben, werden Sie Ihre Verschiedenheit als Mann und Frau bestimmt als einen Gewinn und eine Bereicherung in vielen Lebenssituationen erleben, wo man als Mann oder Frau mit seinem Latein am Ende ist.

Partnerschaftliche Vorwürfe

Kritik ernst nehmen

Eine idealistische Vorstellung von Liebe ist, dass sich Partner bedingungslos akzeptieren. In der Realität des Zusammenlebens erweist sich dieser Anspruch als Überforderung. Vielmehr machen sich die Partner immer wieder durch gegenseitige Vorwürfe das Leben schwer – und statt auf diese einzugehen, werden sie zurückgewiesen. Die Vorwürfe, die die Partner aneinander richten, sind im Kern meist zutreffend und fordern einem oftmals genau die Einstellung oder Verhaltensweise ab, der man auszuweichen versucht. Was einem der Partner mit seiner Kritik abverlangt, ist auch meist erfüllbar – es sind keine unsinnigen und übertriebenen Anliegen.

Trotzdem fällt es uns schwer, auf die Vorwürfe unseres Partners einzugehen. Dabei spielen vor allem folgende Gründe eine gewichtige Rolle:

- Die aggressive und oftmals auch erpresserische Form, in der die Vorwürfe vorgebracht werden, machen es schwer hinzuhören.
- Auf den Vorwurf einzugehen wird gleichgesetzt damit, dem Partner Überlegenheit zuzugestehen und damit käme die Machtbalance ins Kippen.
- Man fühlt sich durch die Vorwürfe bevormundet und wehrt sich trotzig gegen diese Form der Fremdbestimmung.
- Wenn wir entsprechend »hart« zurückreagieren, präsentieren wir uns als stark und wehrhaft und hoffen dadurch, den Partner einzuschüchtern. Weil die harten Emotionen im Vordergrund stehen, befürchtet man, dass der Partner mit Härte auf die eigene Weichheit reagiert.
- Reagiert man – was oft der Fall ist – auf den Vorwurf mit einem Gegenvorwurf, neutralisieren sich die Vorwürfe wechselseitig und benutzen den Vorwurf lediglich zur Rechtfertigung des eigenen Fehlverhaltens: »Ich bin ja nur so, weil du …!« Es ent-

steht ein Teufelskreis sich gegenseitig neutralisierender und eskalierender Vorwürfe. Und je mehr Druck die Partner aufeinander ausüben, desto weniger verändert sich.

Wie kommt man aus so einem Teufelskreis heraus? Ein erster Schritt besteht darin, dass man sich bewusst macht, welche Ängste und Befürchtungen bei einem selbst vorliegen, wenn man auf die Vorwürfe des Partners einginge. Dann kann man sich in einem zweiten Schritt darüber klar werden, wie realistisch diese Ängste sind und inwieweit sie mit dem Partner und der konkreten Situation zu tun haben. Oftmals stellt sich dabei heraus, dass es sich um kindliche Ängste handelt und dass allein schon das Sichbewusstmachen dieser Ängste einen variableren Umgang ermöglicht.

Der Ton macht die Musik

Ein dritter Schritt besteht darin, die Vorwürfe auf eine andere Art und Weise zu kommunizieren. Es gelingt dem Partner weit besser, auf die Vorwürfe des anderen einzugehen, wenn dieser von seiner persönlichen Betroffenheit spricht, als wenn sich dieser auf den Sockel der Überlegenheit stellt, indem er dem anderen alles Mögliche unterstellt oder ihn analysiert. Vorwürfe werden als weniger anmaßend erlebt, wenn sie als persönliche Wünsche formuliert werden. Auf Vorwürfe kann man vor allem dann eingehen – und dies ist ein weiterer Schritt –, wenn man die Freiheit zugebilligt bekommt, diese in eigener Verantwortung zu beachten, und man sich auch dann noch geliebt fühlt, wenn man sich nicht gemäß den Vorstellungen des Partners verändert. Befreit von dem Druck, sich gegen Vorwürfe verteidigen zu müssen, kann der Partner sich dem Erleben des Partners öffnen und dann möglicherweise freiwillig Veränderungsschritte einleiten, um dem Partner das Leben zu erleichtern.Wenn sich Paare von der Vorstellung lösen, alle Probleme wären gelöst, wenn sich der andere nur endlich ändern würde, dann kommt die Veränderung oft von ganz allein – zumindest dann, wenn es sich nicht um weitgehend unveränderbare Eigenschaften der Partner handelt.

Ein vierter Schritt besteht darin, die aneinander gerichteten Vorwürfe nicht einfach als Projektion eigener Probleme auf den

Partner anzutun, sondern als Spiegel jener Aspekte zu sehen, die man nicht sehen will oder kann. Die vom Partner geäußerten Vorwürfe weisen einem den Weg.

Worin liegt die Herausforderung zur wechselseitigen Entwicklung und gemeinsamem Wachstum, wenn man sich die geschlechtsspezifischen Vorwürfe genauer anschaut? Wenn Männer Frauen vorwerfen, dass sie sich eingeengt und kontrolliert fühlen, sollten sie sich daran erinnern, dass sie ursprünglich einen Wunsch nach häuslicher Geborgenheit bei einer Frau hatten. Einen Ort zu haben, wo man hingehört, ist für viele Männer sehr wichtig. Wenn er sich jetzt gegen erzieherische Handlungen seiner Frau zur Wehr setzt, sollte er sich daran erinnern, dass er es einmal genossen hat, dass jemand nach ihm schaute, sich um ihn kümmerte und seinen Ausweichtendenzen entgegentrat. Wenn viele Männer die emotionale Offenheit ihrer Frauen kritisieren, sollten sie bedenken, dass diese sie eingenommen und ihnen den Zugang zu ihren eigenen Gefühlen gebahnt hat. Wenn Männer die Vorwürfe von Frauen ernst nehmen, dann weisen ihnen diese den Weg zu folgender Entwicklung: Männer sollten lernen, besser zuzuhören und den Einfluss ihrer Partnerin zu akzeptieren. Sie sollen sich zeitlich mehr auf die Beziehung und die Familie einlassen und ihr Annäherungsrepertoire erweitern. Auch könnten sie lernen, unter Stress die Hilfe ihrer Partnerin zu sichern und sich nicht in ihr Schneckenhaus zurückzuziehen oder sich abzulenken.

Wenn Frauen den Männern vorwerfen, dass sie ihre Freiheitsbedürfnisse betonen, sollten sie sich daran erinnern, dass die Unabhängigkeit des Mannes etwas war, was sie angezogen hat. Wenn Frauen darunter leiden, dass Männer wortkarg sind und jetzt wenig Komplimente machen, sollten sie sich daran erinnern, dass sie das anfangs als Ausdruck von Zurückhaltung und Schüchternheit erlebten und davon eingenommen waren.

Wenn Frauen die Vorwürfe von Männern ernst nehmen, weisen diese auf folgendes Entwicklungspotenzial: Frauen müssten mehr Eigenständigkeit und Unabhängigkeit an den Tag legen, anderen mehr Grenzen setzen, ihren Partner weniger erziehen

Geschlechtstypische Vorwürfe

Männer werfen ihren Frauen vor:

1. Häuslichkeit
   Du bist so kontrollierend, so kleinlich, du willst mich anbinden, festhalten, du bist zu abhängig, hast keine eigene Initiative, du machst nichts aus deinem Leben, du willst zu viel Nähe.
   Gelegentlich aber auch: Du bist zu oft abwesend, zu viel im Beruf, zu wenig mütterlich, du gibst mir zu wenig Trost und Liebe, du bist zu sehr auf das Kind bezogen.
2. Erziehung des Mannes
   Du bist belehrend, rechthaberisch, pedantisch, bestimmend, nachtragend, du willst mich gängeln, du bist krittelsüchtig, nörgelnd, quengelnd, du akzeptierst mich nicht, wie ich bin, du hast immer etwas auszusetzen, ich kann es dir ohnehin nie recht machen.
3. Emotionale Offenheit
   Du bist emotional, zu impulsiv, zu unkontrolliert, zu grenzüberschreitend, zu vereinnahmend, zu übergriffig, zu erdrückend, du bist unersättlich, fordernd, unstrukturiert, du redest zu viel.
   Gelegentlich aber auch: Du hast zu wenig Interesse an mir, zu wenig Liebe, kein Interesse an meinem Beruf.

Frauen werfen ihren Männern vor:

1. Unabhängigkeit
   Du strebst immer weg, du bist unnahbar, du hast keine Zeit für mich, du lässt mich zu viel allein, du engagierst dich nicht, du übernimmst keine Verantwortung, du bist zu häufig im Büro, du bist innerlich abwesend, tust nichts für Haushalt und Kinder.
2. Mangelnde Anerkennung
   Du nimmst mich nicht ernst, du hörst mir nicht zu, du bleibst unverbindlich, du bist unaufmerksam, ausweichend, unehrlich, du anerkennst meine Arbeit nicht, du zeigst mir keine Anteilnahme.
3. Emotionale Unzugänglichkeit
   Du sprichst nicht, bist wortkarg, egozentrisch, nicht spürbar, distanziert, lässt mich nicht an dich heran, du bist nicht zärtlich, kannst dich nicht einfühlen, willst immer nur Sex.

Quelle: J. Willi 2002

und stattdessen ebenbürtiger behandeln und in Gesprächen mehr darauf achten, nicht sofort mit Vorwürfen und mit Ärger den Partner unter Druck zu setzen.

Enttäuschungen und Missverständnisse

Ohne Missverständnisse und Enttäuschungen keine Entwicklung! In einer Liebesbeziehung sind Enttäuschungen unvermeidlich. Der Mensch an unserer Seite entspricht irgendwann nicht länger dem Idealbild, das wir uns von ihm gemacht haben. Zunächst glauben wir, wir haben den Partner gewählt, der unseren Vorstellungen entspricht und der unsere Wünsche zu erfüllen scheint. Man wird einen Partner immer durch die Brille der eigenen Beziehungserfahrungen sehen. Das Bild, das man sich vom Partner macht, übt einen Druck auf den Partner aus, sich dem Bild entsprechend zu verhalten. Das Bild ist meist nicht falsch, es verzerrt lediglich, indem es gewisse persönliche Möglichkeiten überzeichnet und andere ausblendet. Negativ ist nicht, sich vom Partner ein Bild zu machen, negativ ist nur, ihn auf dieses Bild festzulegen.

Setzt die Enttäuschung ein, beginnt die Zeit der Vorwürfe und des Kampfes um die Durchsetzung der eigenen Vorstellungen. Wenn dieser Punkt in einer Partnerschaft erreicht ist, wird es Zeit innezuhalten, um über die eigenen Ansprüche und Erwartungen an den anderen nachzudenken. Steigen wir rechtzeitig aus der Abwärtsspirale aus und begreifen wir, dass die eigene Entwicklung untrennbar verbunden ist mit der des Liebespartners, kann die Enttäuschung ein Schlüssel zur Selbsterkenntnis und zum gemeinsamen Wachstum beitragen.

Das Akzeptieren des Enttäuschtseins führt zur Erfahrung des Getrenntbleibens und des Einander-fremd-Bleibens in der Liebe zueinander: Der Partner ist nicht so, wie man es erhofft hatte, und die Möglichkeit der Verständigung ist beschränkt. Wird das Einander-fremd-Bleiben als normal angesehen und nicht als Mangel an Liebe oder Akt der Bestrafung, kann es die Partner motivieren, einander immer wieder zu suchen und sich gegenseitig zu erklären und dabei sich selbst besser kennenzulernen.

Missverständnisse sind die Chance, sich gegenseitig immer wieder neu zu erklären. An den Fragen und den Missverständnissen des Partners wird deutlich, wo man sich selbst nicht klar ist. Indem man sich gegenüber dem Partner erklärt und definiert, gewinnt die eigene Selbstdefinition an Schärfe.

Im Gespräch bleiben

Eine Partnerschaft erhält ihre Lebendigkeit in erster Linie dadurch, dass die Partner laufend Verständigungsarbeit leisten. Sobald sie nämlich glauben, sich vollständig verstanden zu haben, wird es gefährlich, denn dann bricht die Spannung zwischen den beiden zusammen. Deshalb ist das Einander-Suchen das Eigentliche der Liebe und nicht das Einander-Finden.

Der Prozess der Enttäuschung führt im positiven Fall zur Fähigkeit, den Partner so zu akzeptieren, wie er ist: mit seinen Stärken und Schwächen, mit seinen Eigenarten und Fehlern und mit seiner Art der Liebe und dieser Ausdruck zu verleihen. Man liebt dann den Partner, auch wenn er die Erwartungen nicht erfüllt, und macht seine eigene Entwicklung nicht in zu großem Umfang von jener des Partners abhängig, sondern hält die Verantwortung für sein Leben weiter in den eigenen Händen. Akzeptanz ist dann das Schlüsselwort. Wenn Sie sich beide von der Vorstellung gelöst haben, die Welt wäre in Ordnung, wenn sich der andere nur endlich ändern würde, dann haben Sie diese Herausforderung gemeinsam erfolgreich hinter sich gebracht. Wenn nicht, gehen Sie es an!

Veränderte Freiräume

Sobald die Kinder größer sind, entstehen für die Partner wieder Freiräume. Wenn die Kinder dann aus dem Haus gehen, vergrößern sich diese. Diese wiedergewonnenen Freiräume fallen meistens mit der zweiten Lebenshälfte zusammen. Die enge gegenseitige Abhängigkeit und Abstimmung unter den Partnern ist nun nicht mehr so zwingend. Zudem wird man sich bewusst, dass die Bandbreite beruflicher Entfaltungsmöglichkeiten begrenzt ist und die Zeit der aktiven Lebensgestaltung ebenfalls. Oft kommt es jetzt zu einem Innehalten und einer Bilanzierung des bisherigen Lebens.

Übung **Ihre eigenen Lebensthemen**

Welche Fantasien für Ihr Leben hatten Sie, als Sie 20 Jahre alt waren? Welche davon haben Sie anderen Menschen mitgeteilt, welche ganz für sich behalten?

Gab es eine Zeit in Ihrem Leben, als Sie von einem Interesse ganz und gar in Beschlag genommen waren?

Falls ja, wo ist dieses Interesse heute?

Keimen in Ihrem Leben neue Interessen auf?

Werden Interessen, die Sie als Jugendlicher oder als Jugendliche hatten, wieder lebendig?

Manchmal können wir nicht das verwirklichen, was wir verwirklichen möchten. Das ärgert und betrübt uns. Welche Verhinderungen ärgern Sie am meisten?

Haben Sie manchmal Tagträume von einem ganz anderen Leben? Gestatten Sie es sich, diese Tagträume auszumalen?

Stellen Sie sich vor: Jemand würdigt Ihr bisheriges Leben: was müsste unbedingt in dieser Würdigung enthalten sein?

Was sollen Ihre Nachkommen einmal auf die Frage antworten, was Ihnen wichtig am Leben war?

Was steht noch aus in Ihrem Leben, das unbedingt verwirklicht werden muss?

Quelle: V. Kast 2004

In dieser Umbruchssituation und Orientierungskrise besteht für viele Paare die größte Herausforderung darin, einen mittleren Weg zu finden zwischen wiedergewonnenen Freiräumen, aufkeimenden Unabhängigkeitswünschen und der Pflege der Gemeinsamkeit. Es entstehen auf der einen Seite neue Möglichkeiten der persönlichen Entwicklung und Orientierung, auf der anderen Seite lösen diese aber auch Ängste und Abwehrmaßnahmen aus. Die Hauptangst ist meist die vor dem Auseinanderbrechen der Beziehung – dass man von einem Tag auf den anderen nicht mehr gebraucht wird.

Paare, die diese Herausforderung meistern, wachsen daran miteinander. Um diese Chance zu nutzen, sollten Sie folgende Punkte beachten:

- Sie müssen laufend miteinander in Verhandlung stehen, inwieweit die Entwicklung jedes Partners sich in einem von beiden tolerierten Bereich bewegt und ob sich dieser in die eine oder andere Richtung ausweiten lässt. Dabei gilt es auch deutlich zu machen: Wo kann ich noch mit dir mit und dich unterstützen, wo nicht mehr!
- Sie müssen erkennen, dass es nicht nur ein »Entweder-oder« – eheliches Zusammenleben oder Scheidung – gibt, sondern viele Zwischenlösungen von Getrenntsein und Unabhängigkeit. Statt im Ehebett kann man auch in getrennten Schlafzimmern schlafen oder zeitweilig getrennte Wohnungen unterhalten. Man kann auch getrennten Interessen nachgehen.
- Sie bleiben gemeinsam dafür verantwortlich, die Pflege der Gemeinsamkeit im Auge zu behalten: Reicht mir das an Kontakt und Gemeinsamkeit, was im Moment möglich ist oder nicht?
- Sie teilen einander immer wieder mit, wie Sie sich fühlen, ohne den anderen unter Druck zu setzen oder die Erwartung zu haben, dass dieser einen von den eigenen Ängsten befreit. Führen Sie diesen Dialog in Form der »Zwiegespräche« (L. Moeller 1988) durch.

Wenn Sie auch diese Herausforderung gemeistert haben, kann man Ihnen nur gratulieren. Sie gehören dann zu den Paaren, die über Jahre hinweg an ihrer Beziehung »hart gearbeitet haben und die jetzt ernten« – wie es ein Klientenpaar einmal ausgedrückt hat. Gratulation!

6. Wieder vertrauen lernen

Verletzungen und Ungerechtigkeiten geschehen in jeder Liebesbeziehung: aus Missverständnissen, aus mangelnder Achtsamkeit, aus Enttäuschung, aus Rache, unbewusst oder absichtlich. Mal sind wir Täter, mal Opfer.

Nicht verzeihen können, nicht verzeihen wollen. Nicht jede Enttäuschung macht unversöhnlich. Einen vergessenen Geburtstag können wir wahrscheinlich eher verzeihen als eine bösartige Intrige. Und manches scheint uns geradezu unverzeihlich – etwa Misshandlungen, Verrat oder Untreue. Frauen fühlen sich zutiefst verletzt, wenn sie von ihrem Partner geschlagen oder sexuelle Gewalt erleben oder zur Abtreibung gezwungen werden und wenn sie gegen eine jüngere Frau ausgetauscht werden. Männer sind massiv gekränkt, wenn man sie als Versager lächerlich macht. Für beide Geschlechter ist die Untreue eines Partners ein schwerwiegender Vertrauensbruch, der in etwa der Hälfte aller Fälle dazu führt, dass die Beziehung beendet wird.

Es gibt Verhaltensweisen des Partners, die man entschuldigen kann. Daneben gibt es Verhaltensweisen, die einen wütend oder traurig machen, aber man verkraftet sie. Und schließlich gibt es Verhaltensweisen, die meine Grenzen massiv überschreiten und das bittere Gefühl hinterlassen, nicht verzeihen zu können.

Wer Unrecht begangen hat, muss damit rechnen, auf Unversöhnlichkeit zu stoßen. Wer nicht akzeptieren will, dass er den Partner verletzt hat, verdreht gern die Tatsachen und betrachtet sich als Opfer statt als Täter. Besser wäre auszuhalten, dass der Partner einen an die eigene Schuld erinnert, und anzuerkennen, dass dieser das Recht hat, uns nicht zu verzeihen. Wer zu der

Überzeugung gelangt ist: »Das verzeihe ich dir nie«, der muss Konsequenzen ziehen und die Beziehung zum Partner abbrechen. Selbst ein Abbruch hilft meist nicht gegen den Schmerz, den einem der Partner zugefügt hat. Wer sich Mühe gibt zu verzeihen, obwohl er nicht wirklich verzeihen kann, wird nachtragend und wird zum Gefangenen seines nicht endenden Grolls.

Soll die verletzte Liebe dagegen wieder wachsen und reifen, bedarf es des Verzeihens und Sichversöhnens. Ich verstehe darunter keine moralische oder religiöse Forderung, sondern eine psychologische Fähigkeit. Sie ist ein aktives Tun und erwächst aus dem Entschluss, durch den man aus der Position des bloßen Opfers herausfindet zu einer Position der Würde. Verzeihen heißt den anderen von einer Schuld befreien. Wer verzeihen will, muss entscheiden können, was er verzeiht. Verzeihen ist gut. Aber gut ist auch, sich nichts gefallen zu lassen.

Welche Schritte kann ein Paar gehen, um zu einer Versöhnung zu gelangen:

Wieder vertrauen lernen

Vertrauen ist mit einer der wichtigsten Schritte überhaupt. Benutzen Sie den Vertrauenstest aus dem vorherigen Kapitel, um zu überprüfen, ob sich zwischen Ihnen wieder genügend Vertrauen eingestellt hat. Eine ausführliche Version finden Sie bei U. Nuber. Wenn Sie feststellen, dass Ihr Vertrauen noch nicht wiederhergestellt ist, können Ihnen vielleicht die folgenden Vorschläge und Anregungen weiterhelfen, die teilweise von Axel Wolf (2002) übernommen sind:

Sich einen Ruck geben

Möglicherweise haben Sie sich innerlich noch keinen Ruck gegeben, um Ihrem Partner zu verzeihen. Wenn Sie ihm verzeihen wollen, müssen Sie sich als Erstes einen innerlichen Ruck geben. Verzeihen und sich versöhnen ist ein aktiver Prozess und erwächst aus dem Entschluss, durch den man aus der Position des bloßen Opfers herausfindet und zu einer Position der Würde gelangt. Wer verzeihen will, muss zudem entscheiden, was er verzeiht.

Verzicht auf Kontrolle

Vertrauen kann nicht neu aufgebaut werden, wenn man dem anderen nachspioniert und misstrauisch alles hinterfragt, was dieser sagt oder tut. Wer mit seinem Partner einen wirklichen Neuanfang wagen möchte, muss bereit sein, auf Kontrolle zu verzichten.

Die eigenen Gefühle akzeptieren

Ignorieren Sie keinesfalls Ihre Gefühle und Fantasien, selbst wenn es sich dabei nicht nur um Zorn und Groll, sondern um Hass handelt. Es sind wichtige Signalgefühle, die normal sind, wenn wir schwerwiegend verletzt worden sind. In der Fantasie haben wir eine Möglichkeit, unsere Gefühle auszuleben und alle möglichen Racheszenarien durchzuspielen, ohne zurückzuschlagen. Es ist wichtig zu erkennen: »Ich wäre vielleicht fähig dazu. Aber ich tue es nicht!« Wenn wir negative Gefühle verleugnen, können wir sie nicht verstehen und schon gar nicht schließlich loslassen.

Trauern

Wenn uns jemand verletzt oder Unrecht zufügt, bringt uns das möglicherweise in Kontakt mit früheren Beschämungen, Verlusten oder Herabsetzungen. Wer von uns ist schon frei von solchen Erfahrungen. Jeder von uns schleppt seit der Kindheit eine Geschichte mit sich herum, in der wir gehänselt, verraten, vernachlässigt oder verkannt wurden. Machen Sie sich deshalb bewusst, dass Ihre Gefühle und Verhaltensweisen sehr stark von diesen früheren Erfahrungen mitbestimmt werden und nicht nur von der Verletzung stammen. Vor allem Schuldzuweisungen lenken von der Trauer ab. Manchmal ist dies eine frühe, unausweichliche Phase bei der Verarbeitung. Sie dürfen aber nicht dabei stehen bleiben. Erst wenn wir richtig trauern können, können wir das kränkende Ereignis loslassen und die Verletzung überwinden und eine Position der Würde wiedererlangen.

Selbstakzeptanz
Ein wichtiger Baustein, dem Partner verzeihen zu können, besteht darin, dass wir uns selbst mit allen Schwächen und Fehlern akzeptieren. Das macht uns weniger hart und dafür nachsichtiger mit dem Fehlverhalten des Partners. Zum Thema Selbstakzeptanz gibt es einige Übungen in den vorherigen Kapiteln.

Ballast abwerfen
Wenn Sie Ihrem Partner vergeben, werfen Sie Ballast ab: Sie geben Ihren Anspruch auf völlige Wiedergutmachung und aufs Rechthaben und den naiven Glauben an die Unverletzlichkeit durch die Liebe auf. Die seelischen Kosten, die mit Groll und Ressentiments einhergehen, sind höher als die Mühe, die es kostet, eine Versöhnung einzuleiten.

Um Verzeihung bitten
Natürlich fällt es uns leichter zu verzeihen, wenn wir bei unserem Partner echte Reue und das Streben nach Wiedergutmachung erkennen. Eine schnell dahergesagte Pro-forma-Entschuldigung erschwert das Verzeihen und braucht nicht akzeptiert zu werden. Die folgenden Anweisungen zur Durchführung eines

Textvorgabe zur Wiedergutmachung einer Verletzung

Partner A: »Ich anerkenne, dass ich dich damit verletzt habe, auch da, wo ich es nicht absichtlich wollte.
Es tut mir von Herzen leid, dass ich dich damit verletzt habe. Bitte, verzeih mir!«

Partner B: »Ich höre und sehe, dass du meine Verletzung anerkennst und dass es dir leid tut. Ich nehme deine Bitte an, ich verzeihe dir, und ich bin bereit, meine Verletzung loszulassen.
Darum sichere ich dir zu, dass ich sie in Zukunft in Auseinandersetzungen nicht mehr nennen werde.
Befreit von dieser Last möchte ich mit dir zusammen in eine neue Zukunft gehen.«

Verletzungsrituals findet man bei dem Paartherapeuten H. Jellouschek (1997).

Wenn Ihr Partner verstockt bleibt, sollten Sie irgendwann von Ihrer Erwartung auf Reue und Einsicht ablassen. Das Verzeihen nimmt dann eher die Form des einseitigen Loslassens an: Soll er doch, ich wende mich endlich wieder anderen Dingen und Menschen zu!

Keine Verschleppung
Damit sich kleine alltägliche Verletzungen nicht zu einem Brandherd auswachsen, deren Anfang keiner der Partner mehr zurückverfolgen kann, tun Paare gut daran, diese zeitnah – also möglichst noch am selben Tag – zu klären. Dies ist ein wichtiger Beitrag zur Prävention und ehelichen Psychohygiene.

Verzeihen und Sichversöhnen brauchen Zeit. Wut und Vorwürfe und auch der Wunsch nach Vergeltung und Wiedergutmachung gehen dem Prozess des Verzeihens fast immer voraus. Verzeihen bedeutet keineswegs, eine kritische Haltung gegenüber seinem Partner aufzugeben – aber sie artet eben nicht in dessen Verteufelung aus. Wenn Sie Ihrem Partner verzeihen, machen Sie sich selbst bewusst, dass Ihre Identität nicht auf den Verletzungen basiert, die Ihnen zugefügt worden sind. Der Schritt zur Versöhnung ist ein Schritt in eine dreifache Freiheit:

- Sie und ihr Partner verschaffen sich wieder Seelenruhe.
- Sie retten Ihre Beziehung, und wenn dies nicht möglich ist, beenden Sie sie auf eine Weise, die Sie nicht länger belastet.
- Sie sind nicht länger Opfer und werden wieder voll handlungsfähig.

Dieser Ausblick müsste doch Motivation genug sein!

7. Wenn Sie aus eigenen Kräften nicht weiterkommen

Wenn die in diesem Buch zusammengestellten Informationen, Anregungen und Übungen Ihre Beziehung nicht wieder auf den richtigen Kurs bringen, reichen diese vermutlich nicht mehr aus. Eingeschliffene negative Verhaltensmuster, Enttäuschungen und Verletzungen sowie ungünstige Erwartungs- und Ursachenzuschreibungen lassen sich nicht so leicht verändern.

Hilfe von außen

Wenn sich also die Probleme anhäufen und wenn man selbst keinen Ausweg mehr erkennen kann, dann ist es Zeit, sich Rat bei Experten zu suchen. Im Falle von Paarproblemen ist dies ein Paartherapeut oder auch ein Eheberater. Scheuen Sie sich nicht, rechtzeitig diesen Schritt zu tun. Je schneller Sie dies bei einer gravierenden und länger dauernden Beziehungskrise tun, desto größer sind die Erfolgschancen. Es lohnt sich, Beziehungskrisen rechtzeitig ernst zu nehmen, aktiv zu versuchen, sie zu verändern, und wenn nötig professionelle Hilfe in Anspruch zu nehmen.

Paartherapeuten und Eheberater sind Experten in Beziehungsfragen und verfügen über eine entsprechende und qualifizierte Ausbildung. Sie verfügen über das notwendige Beziehungs- und Handlungswissen, können auch schwierige und sensible Gesprächssituationen meistern und verfügen über ein Set von Interventionen und Übungen für eine ganze Reihe von Problemen und Entwicklungsschritten.

Eine Paartherapie verfolgt vor allem folgende Ziele:

- das Paar wieder miteinander ins Gespräch zu bringen
- eine Bestandsaufnahme der Beziehung vorzunehmen
- mit dem Paar zusammen Lösungen für den Paaralltag zu entwickeln
- partnerschaftliche Ressourcen zu stärken und
- Paarkonflikte in persönliches Wachstum zu verwandeln.

Paartherapien und auch Paarberatungen werden in psychologischen Beratungsstellen in kirchlicher oder freier Trägerschaft und in freier Praxis angeboten.

Realistische und unrealistische Erwartungen

Meistens geht der Schritt zu einer Paartherapie von einem der Partner aus. Der andere geht mehr oder weniger begeistert mit. Andere Paare kommen mit unterschiedlichen Erwartungen und Wünschen oder mit Erwartungen, die auch der beste Paartherapeut nicht erfüllen kann. Wieder andere haben die Sorge, dass ihr Leben total umgekrempelt werden soll. Manche wollen auch, dass der Paartherapeut dem Partner mal so richtig die Meinung sagt.

Erwartungen wie diese wird kein Paartherapeut erfüllen, der etwas von seinem Handwerk versteht.

Die wichtigsten Prinzipien eines Paartherapeuten sind:

- Anwalt der Beziehung und nicht eines Partners gegen den anderen zu sein
- eine vertrauensvolle und professionelle Atmosphäre herzustellen
- eine Vielzahl verbaler und nonverbaler Techniken und Übungen anzubieten
- Konzentration auf Stärken und intakte Bereiche der Beziehung ermöglichen
- den gemeinsamen Blick auf verschiedene Zeitfenster: Vergangenheit, Gegenwart, Zukunft, richten.

Wie eine Paartherapie konkret abläuft und auf welcher Zeitebene sie sich hauptsächlich abspielt, hängt vom konkreten Einzelfall und der individuellen Arbeitsweise des Therapeuten ab. Paartherapie hat nicht das Ziel, eine Partnerschaft auf jeden Fall und um jeden Preis zu retten. Es gibt Fälle, in denen eine Trennung die bessere Lösung ist.

Dass Paartherapie erfolgreich ist, ist inzwischen durch verschiedene Wirksamkeitsstudien hinreichend gut belegt. Die größten Erfolge sind in folgenden Bereichen zu verzeichnen:

- die Verbesserung von Kommunikations- und Erlebensmuster
- eine höhere Zufriedenheit mit der Beziehung und ein besserer partnerschaftlicher Zusammenhalt

- ein Rückgang psychosomatischer Beschwerden und depressiver Verstimmungen.
- positive Auswirkungen auf die persönliche Entwicklung, und zwar unabhängig davon, ob die Partner zusammenbleiben oder sich trennen.

Adressen von Paartherapeuten und Paarberatern finden Sie in den »Gelben Seiten« Ihres städtischen Telefonbuches und im Internet.

Ich möchte an dieser Stelle all den vielen Paaren danken, die mir Ihr Vertrauen geschenkt und mich darin bestärkt haben, dass Wandel und Wachstum keine Leerformel sein muss. Paarbeziehungen befinden sich in einem starken Wandel. Ich bin zuversichtlich, dass sie auch wieder stabiler werden. Dies zeigt auch ein Blick auf die jüngste Statistik. Erstmals seit sechs Jahren ist die Zahl der Scheidungen in Deutschland deutlich zurückgegangen. Nach Auffassung von Zukunftsforschern wird die »Romantische Liebe« in den nächsten Jahren in den Hintergrund rücken. Dafür wird das gegenseitige »Coaching« die Zweisamkeit mit neuem Sinn erfüllen (P. Wippermann).

Was aber sagt die Liebe selber dazu: »Wer mich kennt, der kennt mich nicht. Und wer mich nicht kennt, der kennt mich doch« (O. Holzberg). Und wie immer hat die Liebe das letzte Wort.

Literatur

Beck, U./Beck-Gernsheim, E. (1990): Das ganz normale Chaos der Liebe. Frankfurt, Suhrkamp

Besser-Sigmund, C. (1996): Frei von Eifersucht. Hamburg, Rowohlt

Bodenmann, G. (2004): Stress und Partnerschaft. Bern, Huber

Clement, U. (2006): Guter Sex trotz Liebe. Berlin, Ullstein

Coulborn Faller, K. (1979): Die Machtdimensionen in der Familie. In: Familiendynamik. Stuttgart, Klett-Cotta

Dym, B./Glenn, M.L. (1977): Liebe, Lust und Langeweile. Die Zyklen intimer Paarbeziehungen. München, Deutscher Taschenbuch Verlag

Engl, J./Thurmaier, F. (1995): Wie redest du mit mir? Freiburg, Herder

Farmer, S. (1992): Endlich lieben können. Gefühlstherapie für Erwachsene Kinder aus Krisenfamilien. Hamburg, Rowohlt

Fooken, I./Lind, I. (1996): Scheidung nach langjähriger Ehe im mittleren und höheren Erwachsenenalter. Expertise in Auftrag des BMFSFJ. Stuttgart, Kohlhammer

Greenberg, L. (2002): Emotion-Focused Therapy. American Psychological Association

Gottman, M. (2000): Die Sieben Geheimnisse der glücklichen Ehe. München, Marion von Schröder Verlag

Gray, J. (1992): Männer sind anders. Frauen auch. München, Goldmann

Grossmann, K./Grossmann, K.E. (2004): Bindungen – das Gefüge psychischer Sicherheit. Stuttgart, Klett-Cotta

Gruen, A. (1986): Der Verrat am Selbst. Die Angst vor Autonomie bei Mann und Frau. München, Deutscher Taschenbuch Verlag

Holzberg, O. (2006): Wer die Liebe sucht … Orientierungshilfen für Paare. Hamburg, Ellert & Richter Verlag

Jellouschek, H. (1995): »Warum hast du mir das angetan?« Untreue als Chance. München, Piper

Jellouschek, H. (1998): Wie Partnerschaft gelingt – Spielregeln der Liebe. Freiburg, Herder

Jellouschek, H. (2006): Wie Liebe, Familie und Beruf zusammengehen. Freiburg, Herder

Kaiser Rekkas, A. (2005): Klinische Hypnose und Hypnotherapie. Heidelberg, Carl-Auer-Systeme

Kast, V. (2004): Schlüssel zu den Lebensthemen – Konflikte anders sehen. Freiburg, Herder

Krüger, W. (2006): Liebe, Macht und Leidenschaft. Freiburg, Herder

Krüll, M. (2001): Käthe, meine Mutter. Rüsselsheim, Christel-Göttert Verlag

Markman, H./Renick, M./Floyd, F./Stanley, S./Clements, M. (1993): Preventing marital distress through communication and conflict management trainings: a 4- and 5-year follow up. In: J Consult Clin Psychol 61: 70-77

Mary, M. (2004): 5 Wege, die Liebe zu leben. Bergisch Gladbach, Lübbe

Mary, M. (2006): Mythos Liebe. Bergisch Gladbach, Lübbe

Maurer, W-J. (2005): Eine Liebesbeziehung ist kein Tauschhandel. In: Naturarzt Heft 11

Moeller, M. L. (1988): Die Wahrheit beginnt zu zweit. Hamburg, Rowohlt

Naumann, F. (1995): Miteinander streiten. Hamburg, Rowohlt

Nuber, U. (2005): Was Paare wissen müssen. Frankfurt, Krüger

Reddemann, L. (2004): Psychodynamisch Imaginative Traumatherapie. Stuttgart, Klett-Cotta

Reichmann, R. (1998): The stranger in your bed. New York

Sapolsky, R. (2004): Why Zebras Don't get Ulcers. New York, Henry Hold and Company LLC

Schmidbauer, W. (2001): Die heimliche Liebe. Reinbek, Rowohlt

Schnarch, D. (2006): Die Psychologie sexueller Leidenschaft. Stuttgart, Klett-Cotta

Schneewind, K. A./Wunderer, E. (2003): Prozessmodelle der Partnerschaftsentwicklung. In: Grau, J./Bierhoff H. W. (2003). Sozialpsychologie der Partnerschaft. Berlin, Springer

Senger, G./Iwi, E. (2006): Wie Paare glücklich werden. Audio-CD, Galila Hörbücher

Sprai, K. (1995): Liebe, Lust, Frust. Über die Unfähigkeit der Männer, Frauen glücklich zu machen. Berlin, Holzinger Verlag

Stiemerling, D. (2006): Wenn Paare sich nicht trennen können. Stuttgart, Klett-Cotta

Vopel, K. (1992): Ich und Du. Hamburg, Isokopress

Weber, R. (2006): Paare in Therapie. Stuttgart, Klett-Cotta

Willi, J. (1991): Was hält Paare zusammen? Reinbek, Rowohlt

Willi, J. (2002): Psychologie der Liebe. Stuttgart, Klett-Cotta

Willi, J./Limacher, B. (2005): Wenn die Liebe schwindet. Stuttgart, Klett-Cotta

Wilson Schaef, A. (1990): Die Flucht vor der Nähe. Hamburg, Deutscher Taschenbuch Verlag

Wippermann, P. (2007): Partner als Coach. In: Fokus Heft 8/2007

Wlodarek, E. (1996): Welchen Einfluss haben Ihre Eltern noch heute auf Sie. In: Brigitte Heft 1/1996

Wolf, A. (2002): Versöhnung – die Kunst neu anzufangen. In: Psychologie Heute August 2002

Verzeichnis der Tests und Übungen

Luise Reddemann:

Überlebenskunst

Unter Mitarbeit von Peer Abilgaard

Klett-Cotta Leben!

160 Seiten, Klappenbroschur mit CD (Laufzeit ca. 45 Minuten)

ISBN 978-3-608-86002-3

Seelische Verletzungen können heilen: durch die Aktivierung von Selbstheilungskräften, die jeder Mensch mehr oder weniger verschüttet in sich trägt. Luise Reddemann hat in ihrer psychotherapeutischen Arbeit mit traumatisierten Patienten und in ihren Büchern immer wieder die individuelle Suche nach Ressourcen angeregt und damit viele Menschen mit schwer erträglichen Lebensgeschichten erreicht.

In diesem Buch geht es um Ressourcen, seelische Widerstandsfähigkeit und Selbstheilungskräfte. Im Zentrum steht die Frage, was wir aus den Biographien kreativer Menschen, Künstler – vor allem aus dem Leben von Johann Sebastian Bach – darüber lernen können.

Hanne Seemann:

Selbst-Herrlichkeits-Training für Frauen

... und schüchterne Männer

Klett-Cotta Leben!

93 Seiten, broschiert, mit CD (Laufzeit ca. 40 Minuten)

ISBN 978-3-608-86001-6

Viele Frauen haben beruflich und privat Probleme, sich selbst authentisch und überzeugend zu präsentieren. Ihnen – und auch so manchem Mann – ist es höchst unangenehm, vor Publikum zu sprechen, Aufmerksamkeit auf sich zu lenken, im Mittelpunkt zu stehen.

Die Autorin hat in zahlreichen Workshops ein »Selbst-Herrlichkeits-Training« entwickelt: wirkungsvolle Körperübungen, die zum Teil mit suggestiver Musik ausgeführt werden.

Da unser Körper über ein gutes »Gedächtnis« verfügt, können wir die in den Übungen gemachten Erfahrungen speichern und bei passender Gelegenheit verfügbar haben. Wir können Schüchternheit überwinden!

Klett-Cotta Leben!

Dagmar Ruhwandl:

Erfolgreich ohne auszubrennen

Das Burnout-Buch für Frauen

Klett-Cotta Leben!

130 Seiten, Klappenbroschur, ISBN 978-3-608-86007-8

Karriere, Kinder, Küche: Die drei »K« führen nicht selten zu Überforderung und Ausbrennen.
Dagmar Ruhwandl – Ärztin, Burnout-Spezialistin und Mutter – weiß, wovon sie spricht. Der Wunsch, trotz Mehrfachbelastung beruflich weiterzukommen, führt viele Menschen in ihre Praxis und ihre Seminare. Von ihrem Anti-Burnout-Konzept können nun auch Leserinnen profitieren, die keine Beratung oder Therapie aufsuchen und trotzdem wirksam vorbeugen wollen.
Fragebögen, Checklisten, Übungen, Tipps und viele Beispiele aus der Praxis helfen dabei, eigene Wege aus der Burnout-Falle zu finden.

Andrea Brackmann:

Ganz normal hochbegabt

Leben als hochbegabter Erwachsener

Klett-Cotta Leben!

168 Seiten, Klappenbroschur, ISBN 978-3-608-86006-1

Als hochbegabter Mensch durchs Leben zu gehen könnte so schön sein: Schule und Studium stellen kein Problem dar, der gesellschaftliche Aufstieg ist gesichert ... Doch für viele hochbegabte Erwachsene sieht die Wirklichkeit etwas anders aus. Sie wissen nicht sicher um ihre besondere Begabung, wurden nie gefördert und fühlen sich diffus unzufrieden. Freundschaften und soziale Kontakte gestalten sich mitunter schwierig.
Die Psychotherapeutin Andrea Brackmann kommentiert kundig, hebt Typisches hervor, gibt Hilfestellungen für den Alltag und informiert über alles Wissenswerte rund um das Thema Hochbegabung.

Klett-Cotta Leben!